すてきに ビーズのアクセサリー

Part
2

天野恵子

Beads Accessory

遠い昔、幼かった頃、母の引き出しの中を見るのが好きでした。

アイボリーのバラの彫りのブローチ、白い濃淡のビーズのネックレス、ペーストヘッドのペンダント…。

何度も何度も手にして眺めていました。

少女雑誌の付録でミニトランプが収まったブローチが一番の宝物でした。

アクセサリー収集が始まりました。

たいていの人が少女時代遊んだことのあるビーズ、私も指輪やブレスレットを作りました。

いつでも物を作り出すということは、充実した満足感で楽しい気持ちにさせてくれます。

西欧のアンティークジュエリーは心を動かされます。

その歴史のある手仕事に優しさと奥行を感じます。

刺激と憧れの中でデザインします。

仕上がるのが待遠しくてワクワクする物、年月が経っても好きでいられる物、持っていて嬉しくなる物、

そんなビーズのアクセサリーを生み出せたらと思っています。

天野恵子

ブックデザイン／寺山文恵
撮影／佐藤正治　鈴木信雄（レッスン）
スタイリスト／岡本礼子
イラスト／大森郁子
編集協力／MOON・COMPANY
制作協力／天野祥子　金田真理子　河野香織　田中はつ子　野口昌代
編集／E&Gクリエイツ

HOT LINE ホットライン
この本に関するお問い合わせ
TEL 0422-55-5460
受付／13:00〜17:00　土日休はお休みです　E&Gクリエイツまでお願いします

●この本の作品はすべてトーホービーズを使用しております。作品によってはトーホーパーツ以外のものも使用しております。トーホーで扱っていないボタンなどパーツにつきましては、適宜好みのパーツまたは似ているパーツを選びご使用ください。

contents

Dancing Dream

「夢」

ネックレス、イヤリング

作り方51ページ

ネックレス、ブレスレット

●

作り方50ページ

Roses

「薔薇の館」

ネックレス、ブレスレット
イヤリング、ブローチ

作り方52ページ

バラのブローチ
ハートエンゼルのブローチ
イヤリング

作り方44・54ページ

Love
「愛」

ボタンのブローチ、香りバッグのブローチ

●

作り方55ページ

ネックレス

●

作り方56ページ

Carnival

「南国の花」

ネックレス、コサージュブローチ、イヤリング

●
作り方58ページ

ネックレス、ブローチ

●

作り方59ページ

Flower

「花」

ネックレス

●

作り方60ページ

ネックレス

作り方57ページ

Dot
「水玉」

ブローチ、イヤリング、ネックレス

●

作り方62ページ

ネックレス、ブレスレット

●

作り方63ページ

Spring

「春風の香り」

ブローチ、髪飾り、イヤリング

作り方45・64ページ

Y字ネックレス、ブレスレット、ピアス

●

作り方65ページ

Marguerite
「麗わしのマーガレット」

ネックレス

●
作り方66ページ

ネックレス、ブレスレット

作り方68ページ

Medusa
「海の贈物」

ブローチ

●

作り方67ページ

グラスコード、ネックレス

●
作り方69ページ

Treasure

「天使の宝物」

天使のブローチ、ネックレス
ブレスレット、イヤリング

作り方70ページ

ネックレス、ブレスレット

作り方71ページ

Countess

「舞踏会」

ネックレス、ペンダントネックレス
ブレスレット

●
作り方72ページ

ラリエット、ブローチ、ピアス

●

作り方74ページ

A shooting star

「流れ星」

ペンダントネックレス、イヤリング

●

作り方75ページ

ネックレス

●

作り方79ページ

Lady

「淑女」

ネックレス

●

作り方76ページ

ネックレス、ブレスレット、イヤリング

作り方77ページ

Ripple
「さざ波」

ネックレス

●

作り方78ページ

ネックレス

●

作り方46・80ページ

Angel
「天使の戯れ」

Accsessories of Beads

ネックレス、ブレスレット、ピアス

●

作り方47・82ページ

ボタンのブローチ、天使のブローチ

作り方84ページ

Coat of arms
「薔薇の紋章」

花のブローチ

●

作り方83ページ

花のブローチ、エンゼルのブローチ

●

作り方86ページ

Button magic

「ボタン」

ネックレス、イヤリング、ブレスレット

●

作り方88ページ

ネックレス、イヤリング、ブローチ

●

作り方90ページ

Lovely bag

「天使」

バッグ、手袋、イヤリング

●

作り方87ページ

バッグ

作り方92ページ

Evening

「夜会」

時計のブローチ、ラリエット

作り方93ページ

すみれのブローチ、飾りくるみボタン

●
作り方94ページ

作り始める前に

「ビーズの種類」

●

ここでは、定番の形のビーズと、本で使用している代表の形のビーズを紹介します。

※実物大です。

1-3 アクリルカット玉ビーズ　4 天然石ビーズ　5 キスカパール　6 つや消し銀パール　7 ペルシャビーズ　8 スパンコール
9-10 ツイストビーズ　11 丸小ビーズ　12 丸大ビーズ　13-14 ティビービーズ　15 マガ玉ビーズ　16 スリーカットビーズ

「用具」

1 ニッパー
テグス、ピン、ワイヤーなどをカットする時に使います。
2 目打ち
テグスやワイヤーをほどく時に使います。
3 小型やっとこ
金具パーツ類を曲げたりする時に使います。
4 メジャー
テグス、ワイヤーの長さを計る時に使います。
5 セロテープ
ビーズが抜けないように止める時に使います。
6 ボンド
テグスなどの結び目を止めるのに使います。

「パーツと材料」

1 シャワーイヤリング
2 イヤリング
3 ピアス
4･7 ニューホック
5 カギフック
6 舟カン
8 シャワーブローチ
9 ブローチピン
10 ダルマチップ
11 座金
12 ワイヤー
13 テグス
14 9の字ピン
15 Tピン
16 グラスコード用止め金具

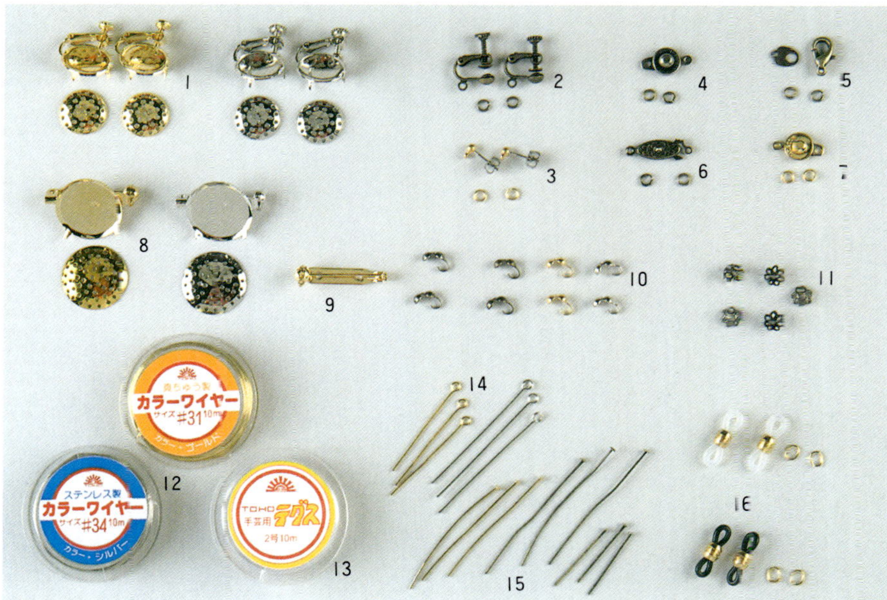

「クラスプセット4種」

引輪

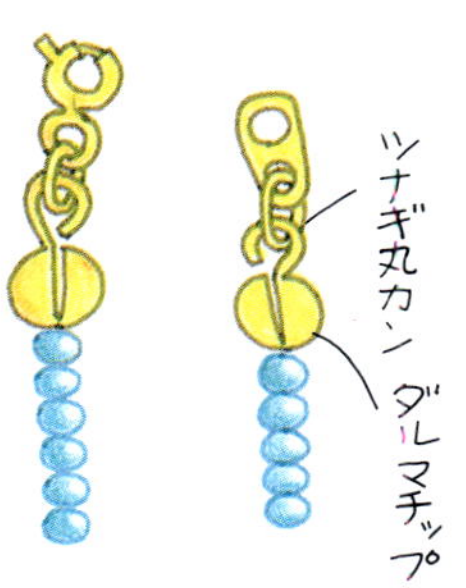

カギフック

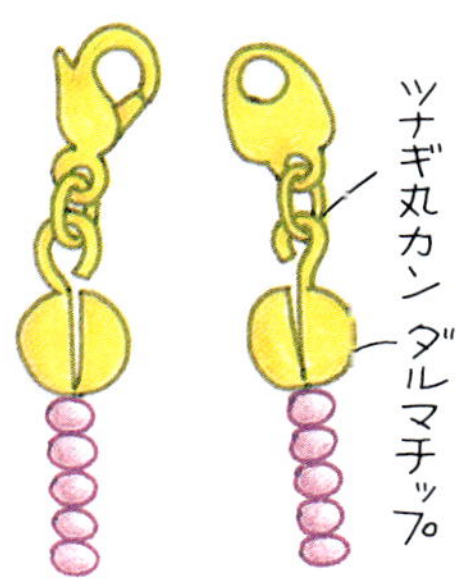

ニューホック

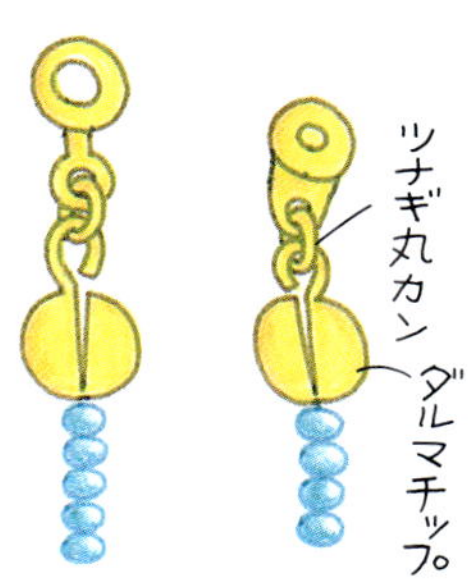

舟カン

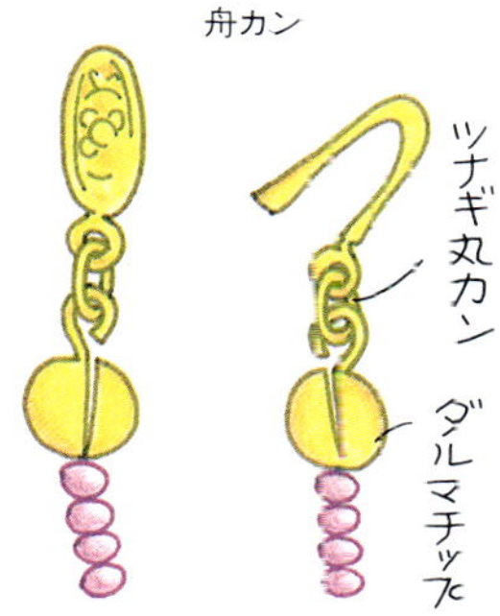

Roses
「薔薇の館」

Page 7

ハートエンゼルの
ブローチ

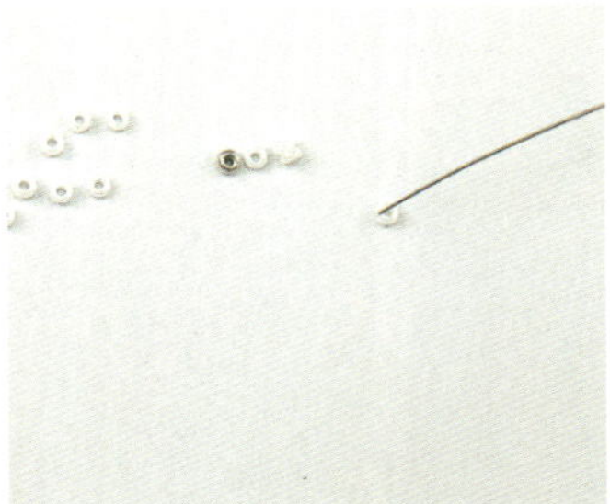

1 #28ワイヤー2mにオフホワイトビーズ1mと金仁丹ビーズ25cmをミックスしてランダムに通していきます。

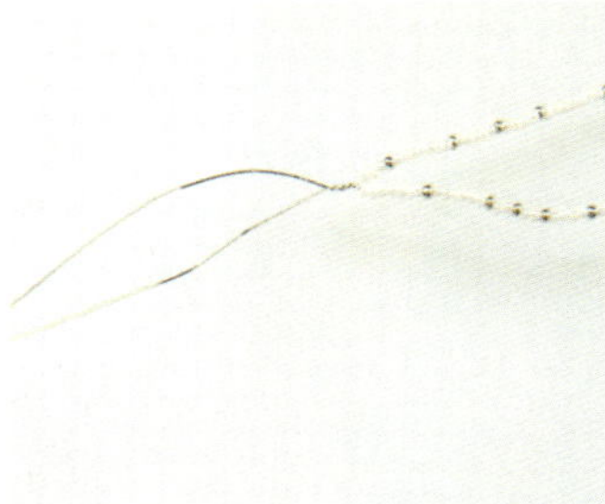

2 全部通したら輪にして、3回位ねじります。

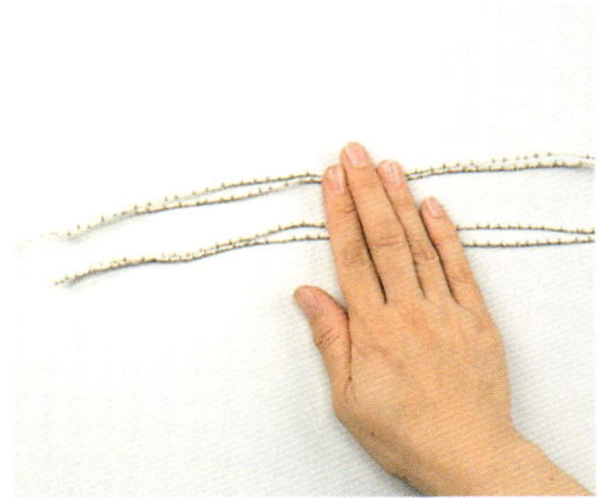

3 全体を二つ折りにします。

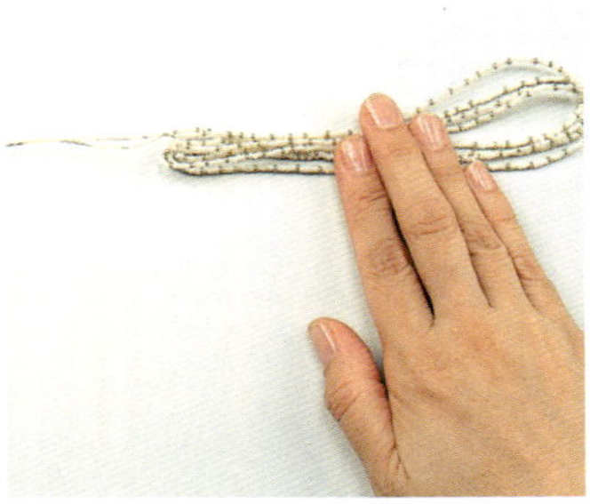

4 全体をもう1回二つ折りにします。

5 全体を一方方向にねじります。

6 ハート型にだいたいの形をまとめます。

7 ワイヤーで中央の部分を合流するようにまとめ、ハート型を完成させます。

8 #34ワイヤー1mでエンゼルの手をハートに止めます。

9 8の続きのワイヤーでパールをバランスよく散らして止めながら、エンゼルのもう片方の手、足も止め、ハート型にしっかりエンゼルを止めます。

10 9で残ったワイヤーでブローチピンを止めます。

11 ワイヤーをそれぞれ合流してねじり、カットしてビーズの中に倒します。

丸小ビーズ／オフホワイト122、／
金仁丹577／各1パック
パール／カルトラ201　6mm　7個
ブローチピン／α-518　金　1個
ワイヤー／#28　11-28-1　金2m、
#34　11-34-1　金1m
(エンゼルパーツ／金　1個)
●(　)内の材料はトーホービーズでは扱っていません

●作り方54ページ

1 ワイヤーに作る花のビーズを通しておきます。

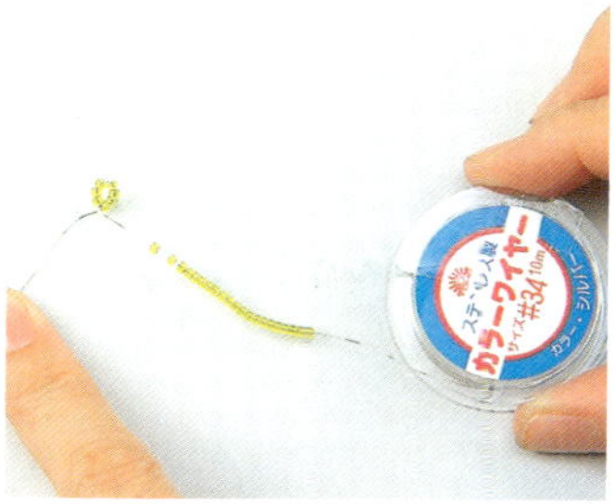

2 ワイヤーの端から4.5cmの所にビーズ7個をループにして、2回ねじります。

3 同じように連続4ループ作ります。

4 ワイヤーを左右同じ長さにカットし、花芯用のビーズ1個を通します。

5 ワイヤー2本を花の軸用として、15回位ねじります。

6 1〜5の手順を繰り返し、各色1本ずつ計8本の花を作ります。(イヤリング片方分)

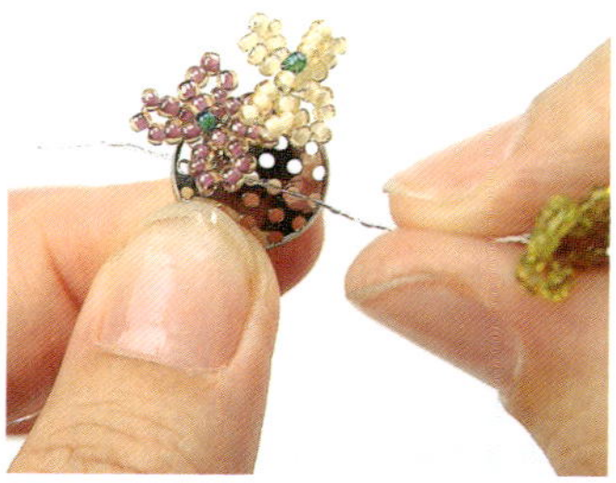

7 シャワーイヤリング台に花を差していきます。

8 8本の花を全部バランスよく差します。

9 裏側でワイヤーをまとめてしっかりねじりあげ、7mm位にカットします。

10 カットしたワイヤーを平らに倒しておきます。

11 イヤリング金具に10をはめて、爪を倒します。

12 できあがり。

Spring

「春風の香り」

Page 16

イヤリング

●材料はトーホービーズを使用
丸小ビーズ／ガラス緑4、薄水色263、エンジ虹406、黄緑246、クリーム948、ブルー953、肌色955、薄紫960、エンジ46、濃緑167／各1パック
シャワーイヤリング／9-12-18 銀 1セット
ワイヤー／#34 金11-34-1 1巻

●作り方64ページ

Ripple
「さざ波」

Page 31

ネックレス

●材料はトーホービーズを使用
スリーカットビーズ／金虹CR712　1パック
竹ビーズ／緑167　二分竹　6mm　1パック
ロイヤルビーズ／ブロンズ緑706、ブロンズ紫709、二分竹　6mm／各1パック
パール／カルトラ201　4mm　121個
クラスプセット／α-503　金F　1セット
ワイヤー／#31　11-31-2　銀1巻

●作り方80ページ

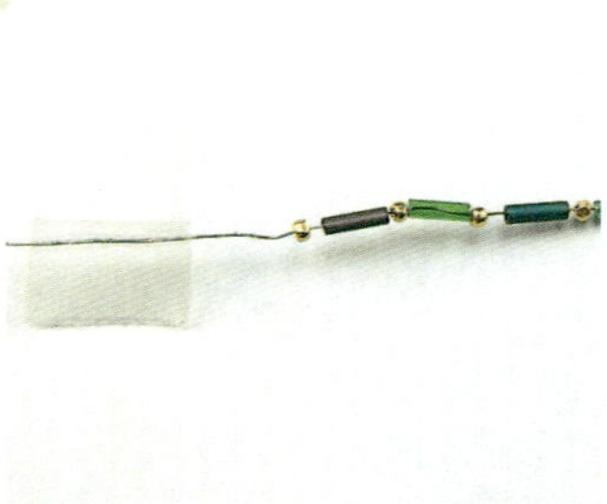

1 ワイヤー（1.5〜2m位）の先端から5cmの所をテープで止めておきます。金ビーズ、ブロンズ紫・緑竹各1本、緑竹2本を写真のように通します。

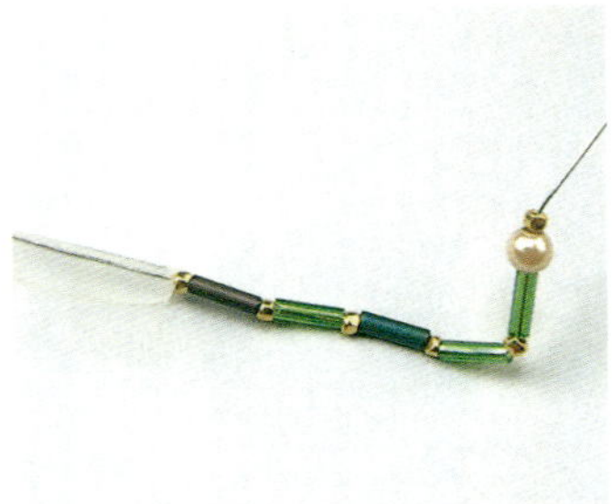

2 緑竹1本、パール1個、金ビーズ1個を通します。

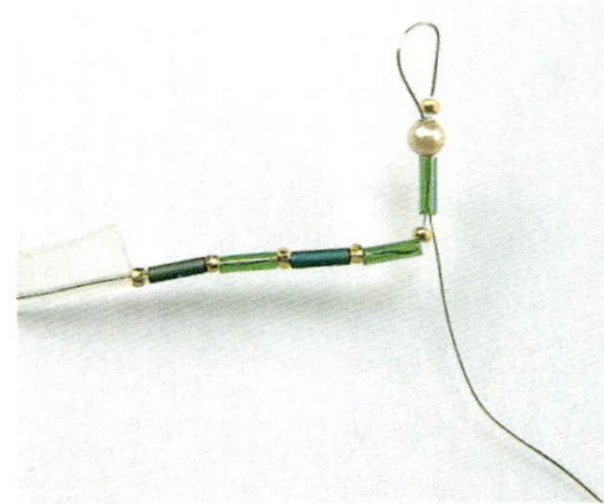

3 ワイヤーをパール1個、緑竹1個に戻します。

4 2〜3の手順を繰り返して、連続11本作ります。（緑竹9本、ブロンズ紫・緑竹各1本、順番はランダムに）

5 4にワイヤーを数回たすき掛け巻きにし、11本全体がまとまるよう形作ります。

6 1と同じようにビーズを通します。竹4本の色の順はランダムに。

7 飾りが11個分仕上がってからの接続の方法は、それぞれのワイヤーをしっかりねじり、5mm位にカットして倒しておきます。

8 ワイヤーをダルマチップに通し、金ビーズを1個通したら、ワイヤーをもう1度通します。

9 ワイヤーをダルマチップの穴から戻します。

10 9のワイヤーを飾りの部分まで通します。

11 飾りの芯にワイヤーを巻いてカットします。

12 ワイヤーの遊びがある時は、飾りの芯に巻いて調節します。ニューホック金具をつけます。

Angel

「天使の戯れ」

Page 32

ネックレス

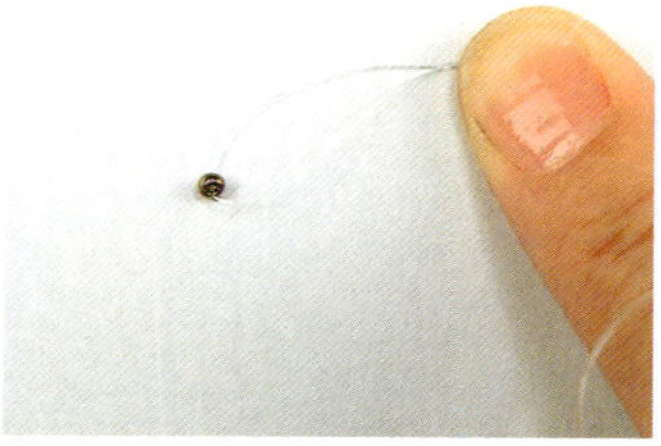

1 テグスの中央に小ビーズ1個を通し、二つ折りにします。

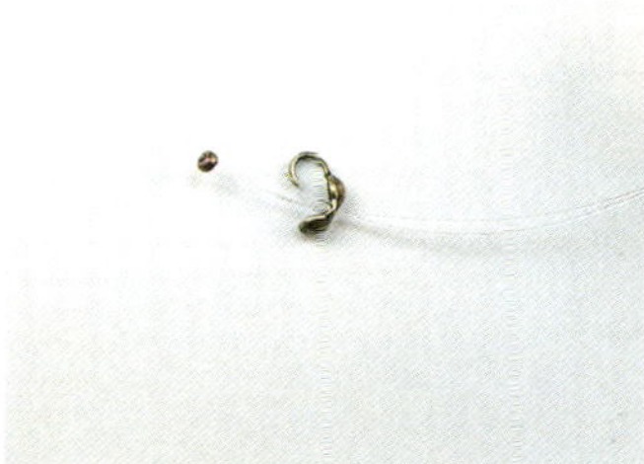

2 ダルマチップの開いた方から、1のテグスを通します。

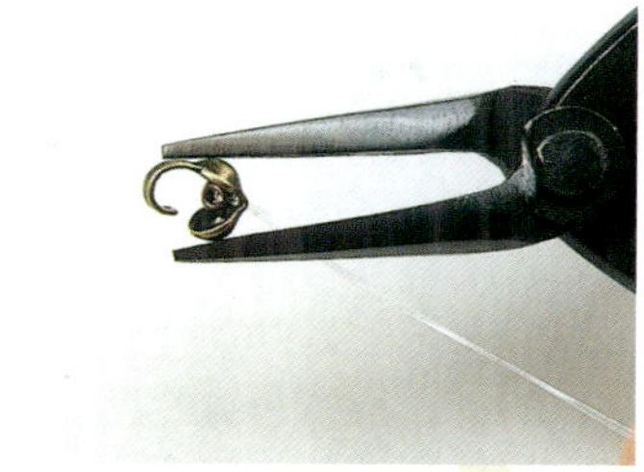

3 ダルマチップを閉じます。

4 ブロンズ紫ビーズ5個を通します。

5 アクリルピンク1個を通します。

6 1本のテグスにブロンズ紫ビーズ10個とアクリルピンクリーフ1個を通し、最初のブロンズ紫ビーズ1個に通します。

7 6の続きのテグスでアクリルピンク1個、ブロンズ紫ビーズ4個を通し、最初のブロンズ紫ビーズ1個とピンクビーズに戻します。

8 もう1本のテグスにアクリルピンクリーフ1個とブロンズ紫ビーズ 個を通し、ピンクリーフビーズに戻します。

9 8の続きのテグスにブロンズ紫ビーズ10個とアクリルピンク1個を通し、最初のブロンズ紫ビーズ1個に通します。2本のテグスにブロンズ紫ビーズ5個を通します。

10 4〜9までをもう1回繰り返し、2本のテグスにアクリル紫1個とブロンズ紫ビーズ1個を通します。

11 4〜10を8回繰り返したら、ダルマチップにテグスを2本通し、1本の糸に小ビーズ1個を通し、3回結んでボンド少々をつけておきます。

12 11のダルマチップを閉じ、ニューホック金具をつけます。

●材料はトーホービーズを使用

ロイヤルビーズ丸小／ブロンズ紫 514　1パック

アクリルビーズ／ピンクα-202　10mm　48個、薄紫α-203　12mm　8個

バリエーション／オレンジ（リーフタイプ）α-213　32個

クラスプセット／α-503　金F　1セット

テグス／2号　6-11-1　1巻

●作り方82ページ

Beads Accessory

覚えておきたい ビーズの基礎

指導
●
天野恵子

●材料のビーズで糸通しになっているものは、数をまとめて通すときはバラにしないで、糸から直接移します(ビーズの1パックは1mの長さになります)。

●パールビーズは、白パールやカルトラパールに市販の染料で色を変えることができます。

●作品により、テグス、糸、ワイヤーなどに通して形を作りますが、ゆるみや余りが出ないように引き締めます。引き具合で必要量が違ってくるので、たりなくなったらたしましょう。

●糸の結び目に接着剤をつける時は少量にします。つけすぎるとはみ出したり、ビーズを汚したりします。

●金具の中でシャワー台の爪を倒すものは、やっとこなどで傷がつきやすいので布などを当て倒します。

●イヤリングでも下がるタイプのデザインのものは、ピアス金具に変更できます(反対も可)。

ダルマチップの始末

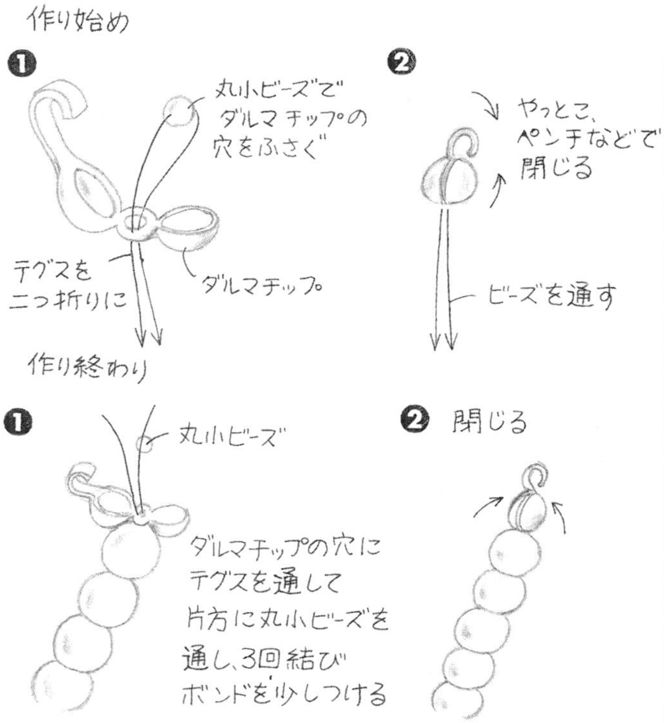

ビーズの通し方

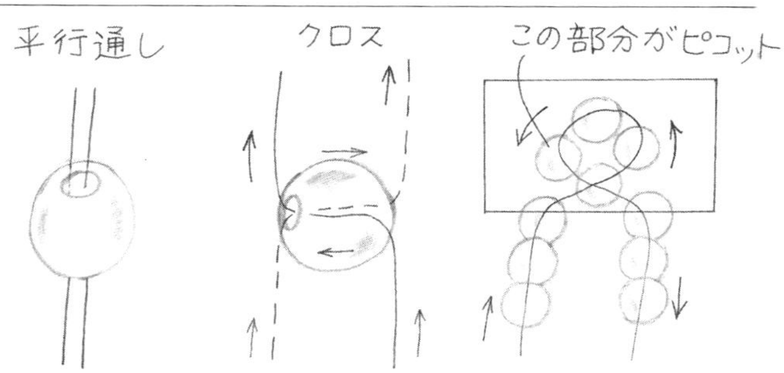

テグス・ワイヤーのつなぎ方

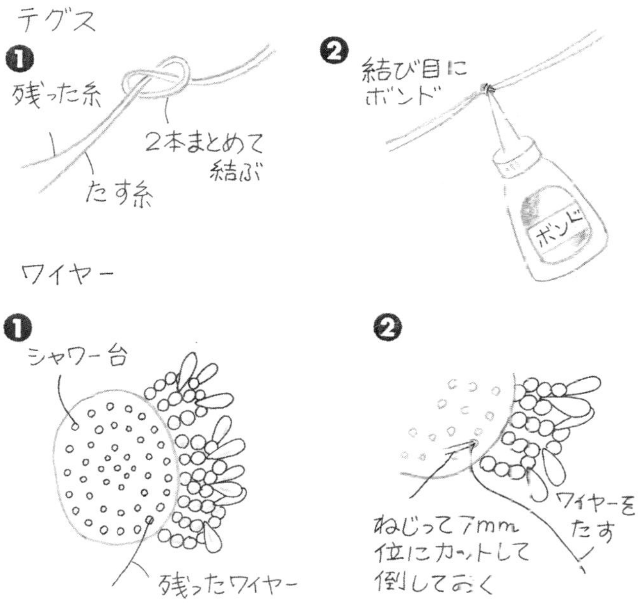

シャワーブローチの爪の倒し方

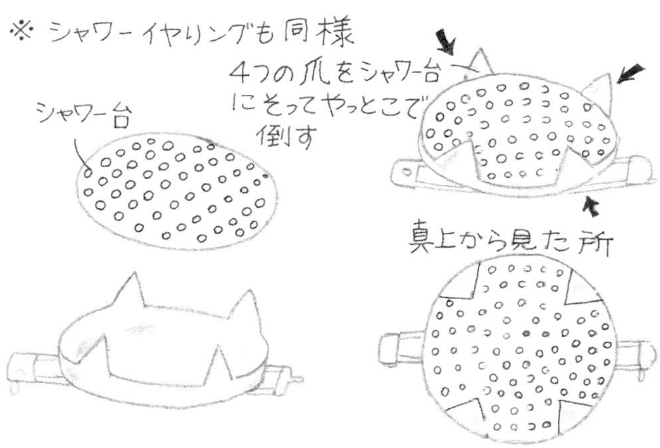

Dancing Dream

「夢」

5ページ

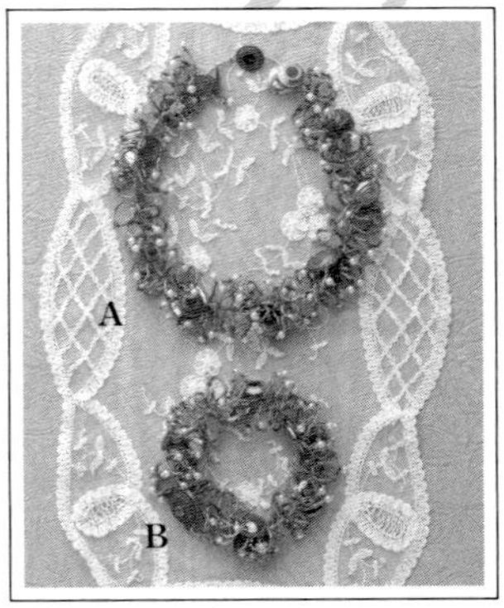

●●●材料はトーホービーズを使用●●●

仕上がり　Aネックレス…3.6×40cm
Bブレスレット…3.6×23cm

Aの材料　ティビービーズ／金茶 TB221 3パック／金グレー TB278 3パック／グレー銀 TB606 1パック　スリーカットビーズ／金 CR715 1パック　パール／カルトラ 201 4㎜ 2パック（アンティークボタン／1.2cm 1個／1.3cm 6個／1.4cm 3個／1.5cm 4個／1.8cm 2個／2cm 2個／2.2cm 4個）テグス／2号 6-11-1 1巻

Bの材料　ティビービーズ／金茶 TB221 2パック／金グレー TB278 2パック／グレー銀 TB606 1パック　スリーカットビーズ／金 CR715 1パック　パール／カルトラ 201 4㎜ 1パック（アンティークボタン／1.3cm 1個／1.4cm 3個／1.5cm 4個／2cm 3個／2.2cm 2個）テグス／2号 6-11-1 1巻

(　)はトーホービーズでは扱っていません

Aネックレスの作り方

❶テグスを2mにカットし、中心にボタンを入れて二つ折りにしてスタートする
❷ビーズを14個通し、テグス1本取りで上下にボタンを通す。通し方はボタンの穴にテグスを2回通し、ボタンの根元で2回結ぶ。次に2本取りでビーズを通す
❸図を参照し、ビーズとボタンを交互に通して長さ40cmにする。止め具の替わりにループを作る。ループの始末はテグスを2回結び、ボンドをつける
❹40cmの土台のビーズのみにループをつけていく。ループ用のテグスは短くなったら、そのつど結んでつなげていく

Aネックレス

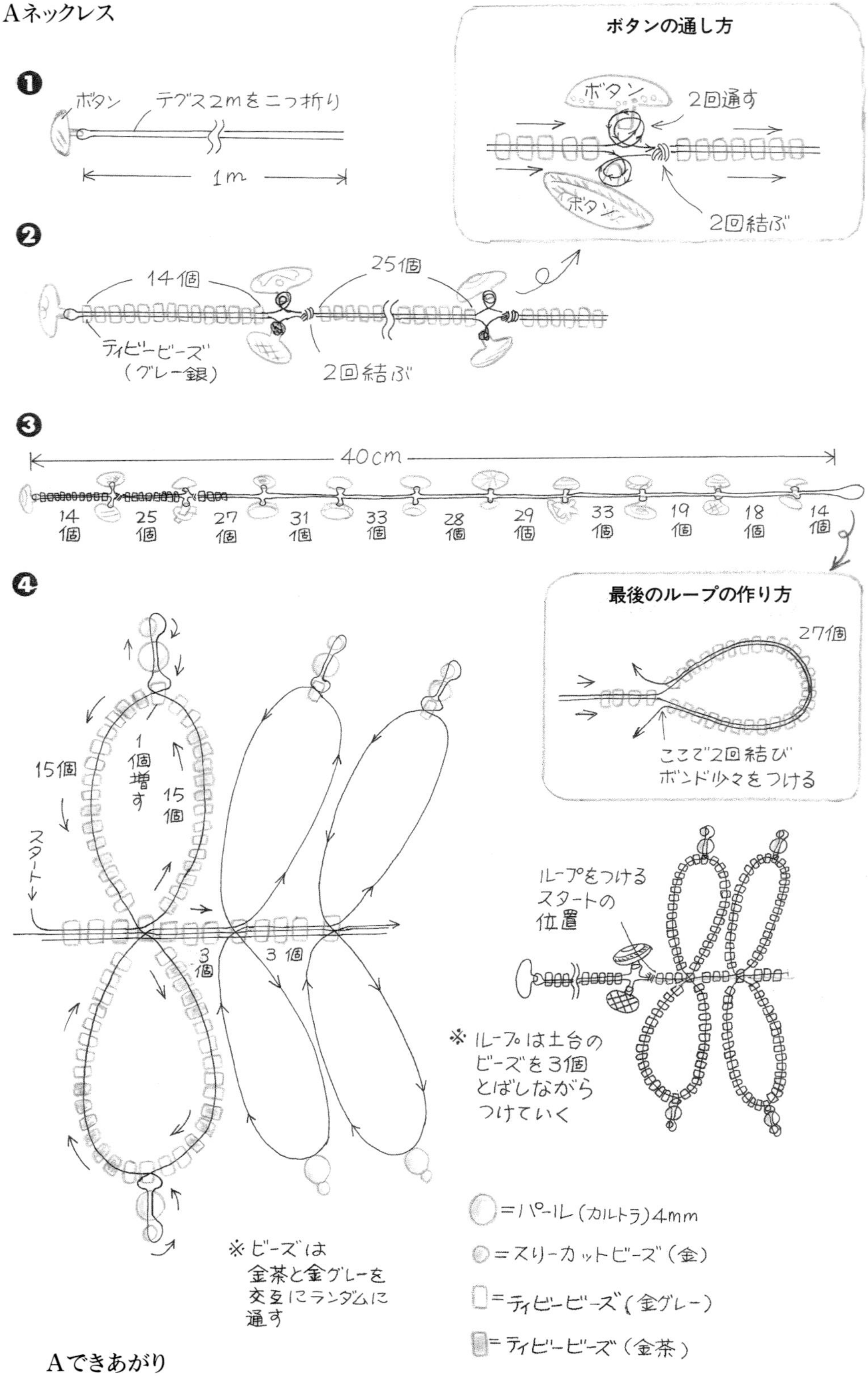

Aできあがり

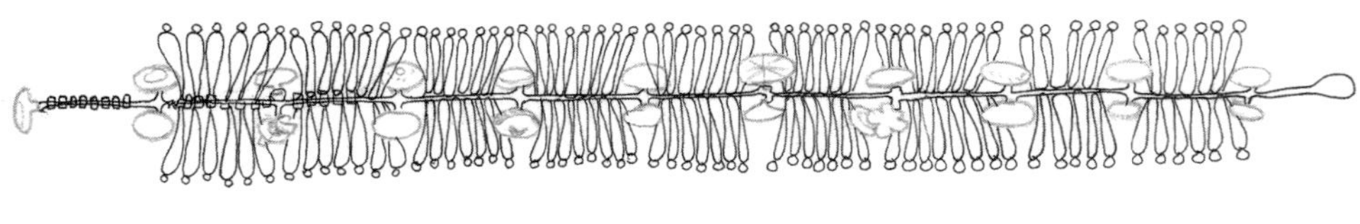

Dancing Dream

「夢」

4ページ

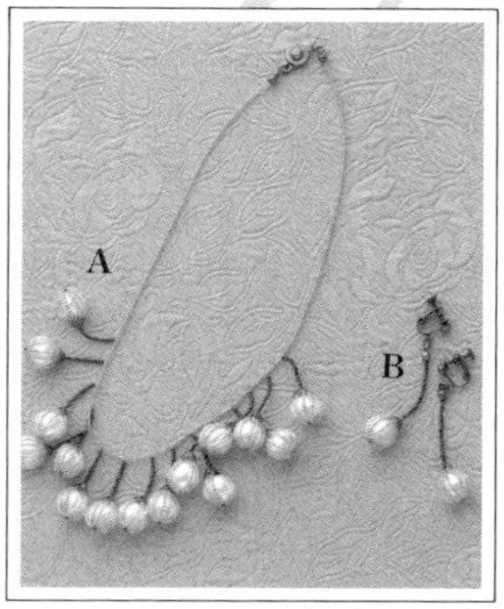

材料はトーホービーズを使用

仕上がり　Aネックレス…38cm
　　　　　　Bイヤリング…4cm

A・Bの材料　特小ビーズ／銀21　90cm／金22　2.1m／メタリック黒85　30cm　バロックパール／10mm　カルトラα-10　17個　座金／α-520 GF　17個　クラスプセット／α-503 金F 1セット　イヤリング／α-542 金F 1セット　ダルマチップ／α-535　金F　2個　テグス／2号　6-11-1　2巻

Aネックレスの作り方

❶パールボンボンを15個作る。テグスは1個につき40cm。3cm残してパールの中にテグスを通し、ビーズ（金5個、銀5個、金5個）を交互に通し、10回繰り返して巻く。最後のテグスは一カ所のビーズの中を通ってスタートのテグスと2回結び、ボンドをつける

❷テグスを50cmにカットして金ビーズを35.5cm通す

❸テグスを2mカットして❷のビーズに11.5cm分のみ通し、図のようにパールボンボンを通す

❹パールボンボンを15個つけて❷のビーズに通してクラスプセットをつける

Bイヤリングの作り方

❶パールボンボンを2個作り、黒メタリックビーズを25個を通したあと座金を通す

❷パールボンボンをダルマチップで始末し、イヤリング台につける

❶

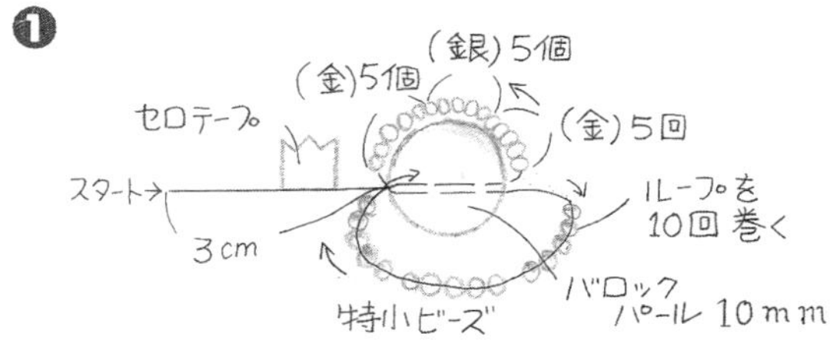

❷

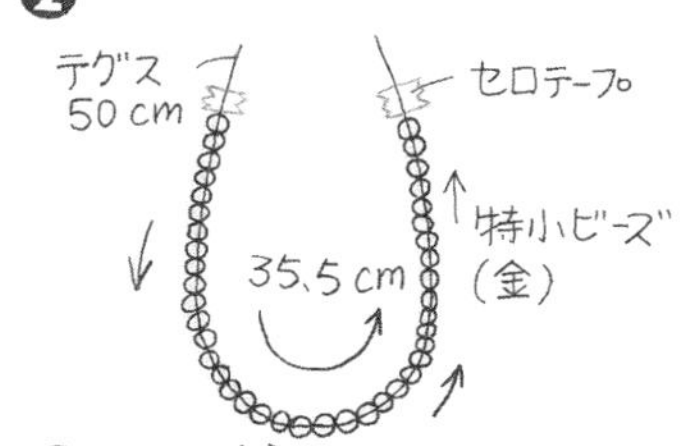

❸

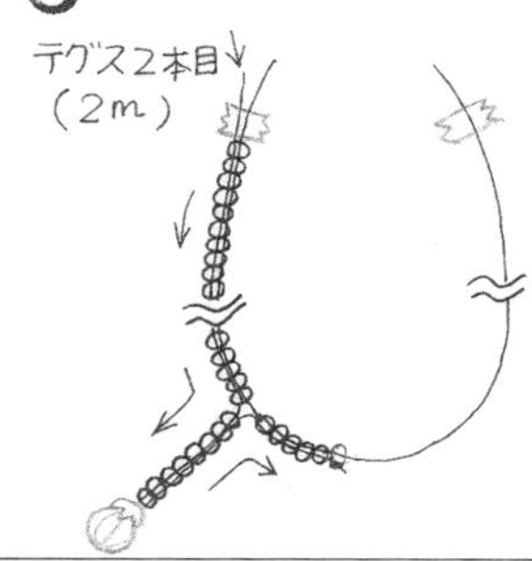

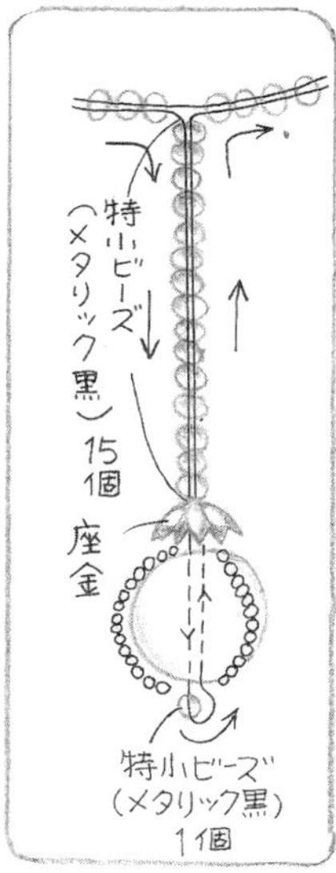

❹

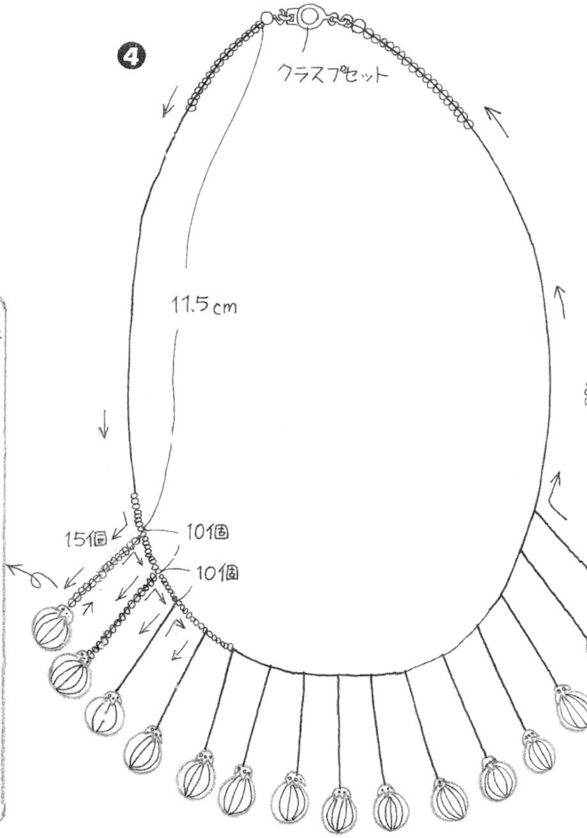

Bイヤリング

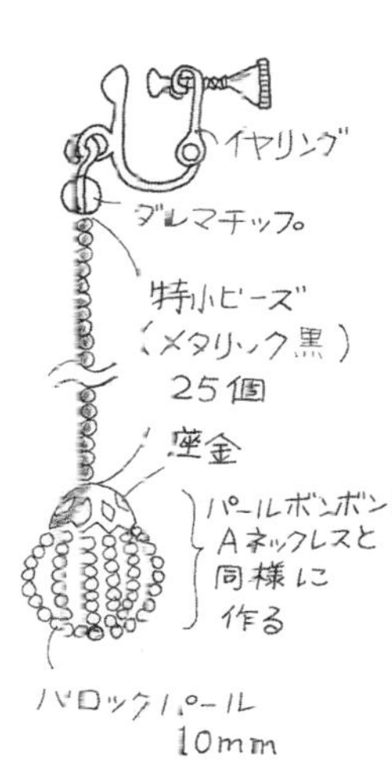

Bブレスレットの作り方

❶テグスを1mにカットし、中心にボタンを入れて二つ折りにしてスタートする

❷〜❹はネックレスと同じ

❶

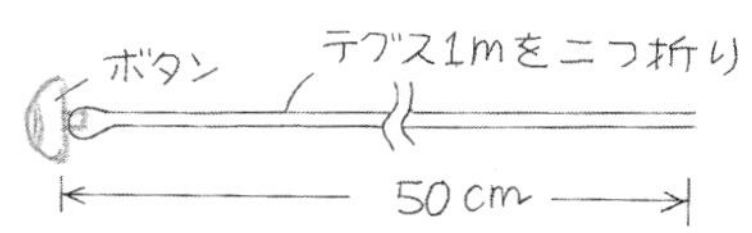

Bブレスレット

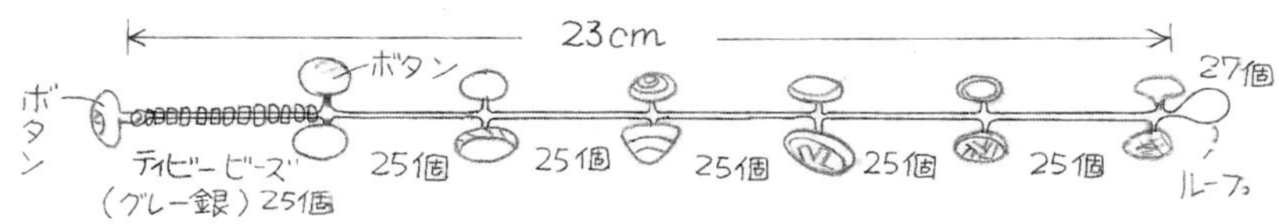

Bできあがり

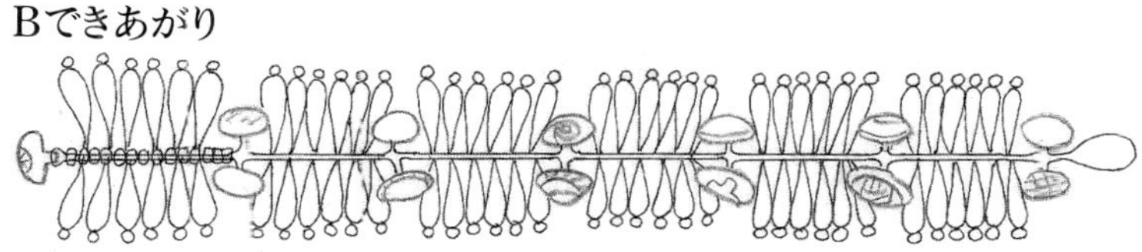

Roses

「薔薇の館」

6ページ

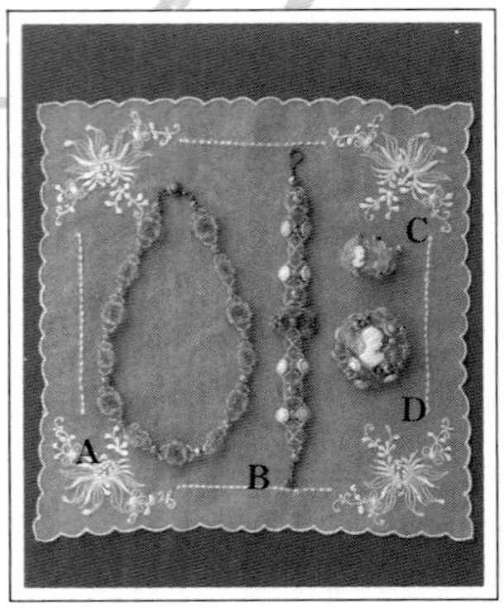

●●●●●材料はトーホービーズを使用●●●●●

仕上がり　Aネックレス…38cm
Bブレスレット…17cm
Cイヤリング…2×2.5cm
Dブローチ…4.5×5cm

A・Bの材料　丸小ビーズ／ピンク銀 31 1パック　ローズビーズ／ピンクα-2355　8mm　6mm　各40個／銅 α-2357　6mm 24個　ペルシャビーズ／アイボリー α-2328 4個／ピンクα-2329　4個　メタルビーズ／α-7202　金花GF　2個　クラスプセット／α-503　金F　2セット　テグス／2号 6-11-1　1巻

Aネックレスの作り方

❶テグスは1.8mにカットし、二つ折りにする。丸小ビーズ1個、ダルマチップを通す

❷ビーズを図のように通す

❸ビーズを通し終わってからダルマチップ、丸カン、クラスプをとめる

Bブレスレットの作り方

❶テグスは1mにカットし、二つ折りにする

❷・❸はネックレスと同様

❹別のテグス1mで、丸小ビーズのピンク銀・ローズビーズ・銅を図のように通す。ペルシャビーズのピンク・アイボリー、メタルビーズ金花を❸の部分に通す。通す部分はローズピンクのビーズパーツの6カ所

Aネックレス

❶

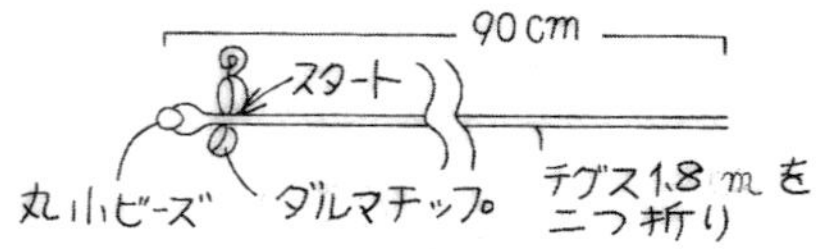

❷

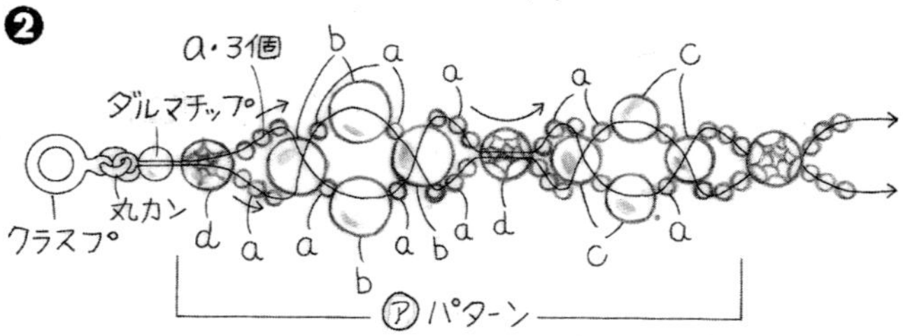

❸

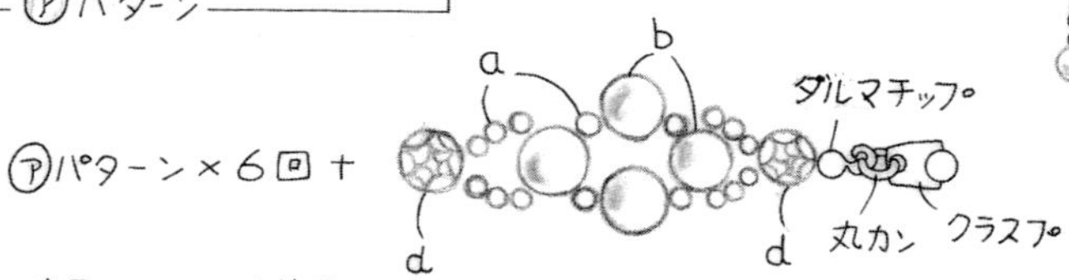

Aできあがり

Bブレスレット

ネックレスと同じ㋐パターンを3パターンくり返し
別のテグス1mで下図のようにビーズを通す

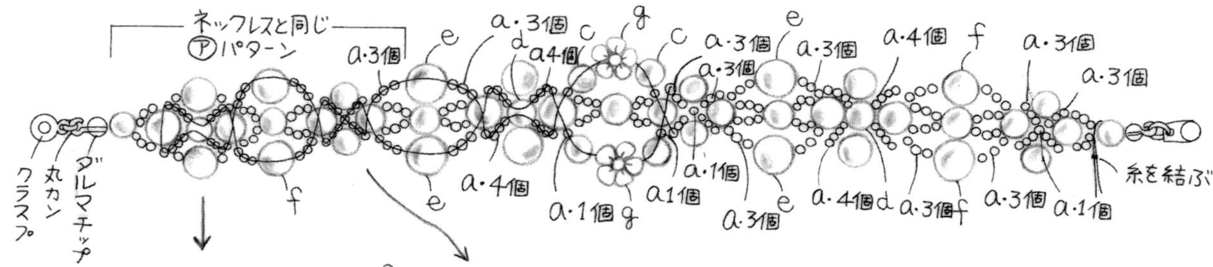

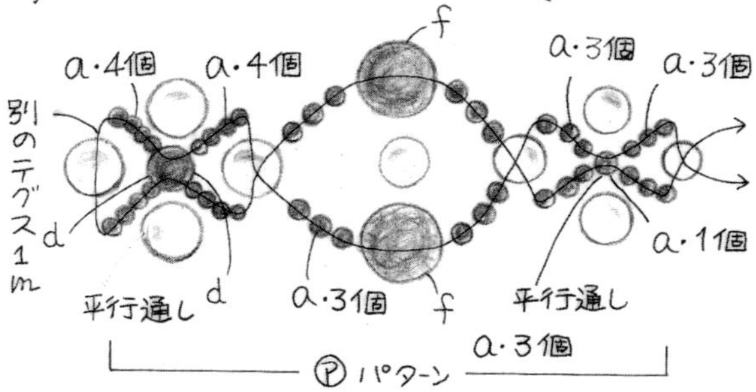

◎は別のテグスに通していく新たなビーズ

A・B・C・Dのビーズ記号

記号	種類	色・サイズ
a	丸小ビーズ	ピンク銀
b	ローズビーズ	ピンク8mm
c	ローズビーズ	ピンク6mm
d	ローズビーズ	銅 6mm
e	ペルシャビーズ	アイボリー
f	ペルシャビーズ	ピンク
g	メタルビーズ	金花

C・Dの材料　丸小ビーズ／ピンク 銀 31　1パック　ローズビーズ／ピンク　α-2355　10mm　2個　8mm　2個　6mm　10個／銅　α-2357　6mm　12個　ペルシャビーズ／アイボリー　α-2328　4個／ピンク　α-2329　5個　メタルビーズ／金花　α-7202　2個　プラスティックカメオ／レッド　α-375　1個／レッド　α-377　1セット　シャワーブローチ／特大　30mm　9-20-4　金　1個　シャワーイヤリング／9-12-18　金　1セット　テグス／2号6-11-1　1巻

Cイヤリングの作り方

❶シャワー台の中央にカメオをボンドで貼る

❷テグス60cmで図のようにビーズを通して、カメオの回りにシャワー台に続きのテグスで縫いつけるようにしてとめる

❸テグスで見える穴にピンク銀ビーズ5個をうめる

Dブローチの作り方

❶シャワー台の中央にカメオをボンドで貼る

❷テグス2mで図のようにビーズを順に通して上部のローズピンクでクロスする

❸外回りのビーズも図のように順にシャワー台につけていく

❹シャワー台の穴が見える所に、続きのテグスを使用してピンク銀 7個のループですき間をうめる

Cイヤリング

❶

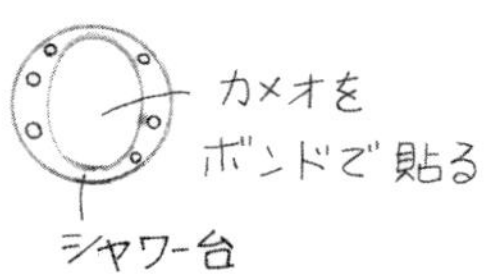

❷

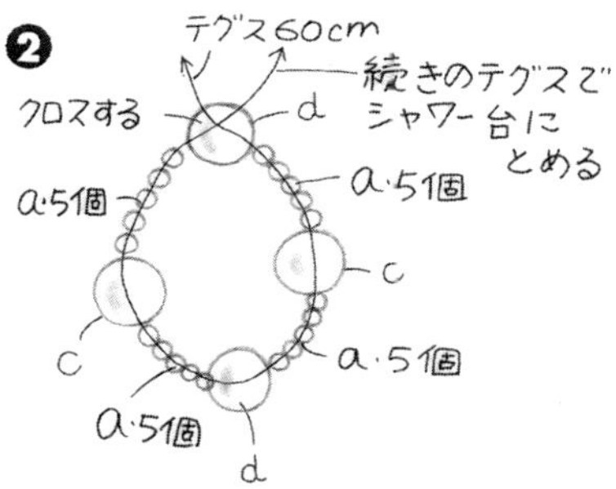

❸

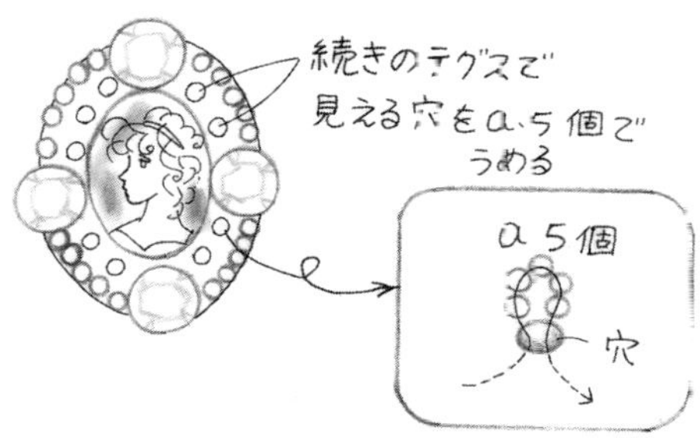

Dブローチ

❶

❷

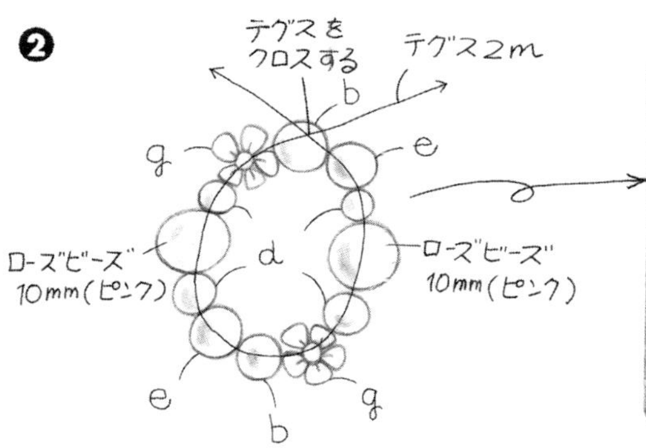

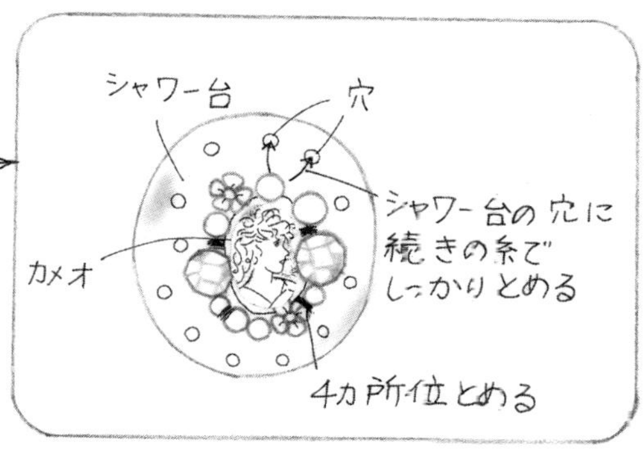

❸

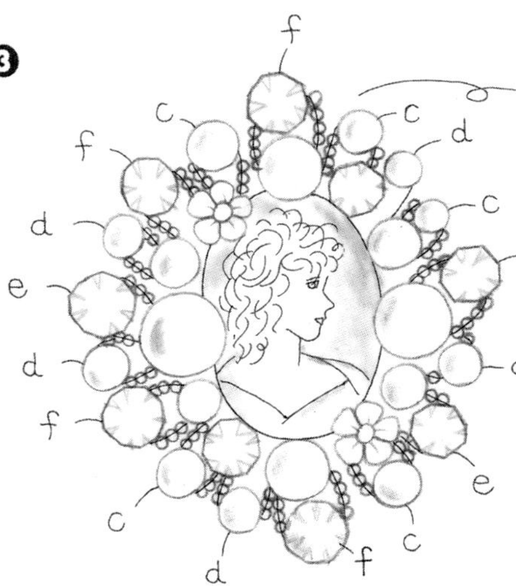

❹

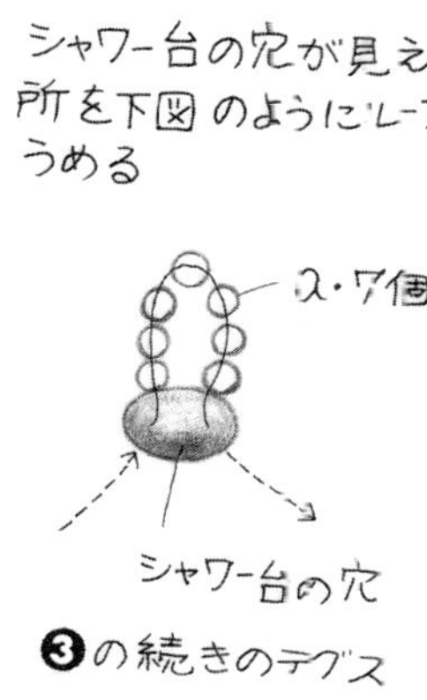

Roses

「薔薇の館」

7ページ

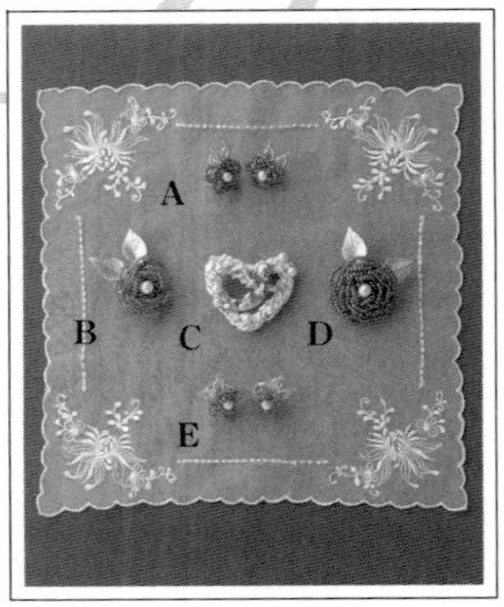

●●●材料はトーホービーズを使用●●●

仕上がり　B・Dブローチ…4×5.5cm
A・Eイヤリング…2.5×3.5cm
Cブローチ…5×5.5cm

B・Eの材料　丸小ビーズ／金　557　1パック　丸大ビーズ／ブルー　243　1パック　バロックパール／カルトラα-8　6mm　2個／α-9　8mm　1個　シャワーイヤリング／9-12-18　金　1セット　シャワーブローチ／大　9-20-3　金　1個　メタルリーフ／9-203　金　2枚　ワイヤー／#28　11-28-1　金　1巻

A・Dの材料　丸大ビーズ／レッド　330　1パック　他はB・Eの材料と同じ

Cの材料　丸小ビーズ／オフホワイト　122／金仁丹557／各1パック　パール／カルトラ 201　6mm 7個　ブローチピン／α-518　金　1個　ワイヤー／#28　11-28-1　金　2m／#34　11-34-1　金　1m　（エンゼルパーツ／金　1個）

（　）はトーホービーズでは扱っていません

Dブローチの作り方

Bブローチの作り方と同様。ただし❹の部分を終わったらその外側に、レッドビーズ15個の7ループを作る

A・Eイヤリングのポイント

シャワー台の中央につくパールは、B・Dブローチ❶と同様に始末する

B・Dブローチ

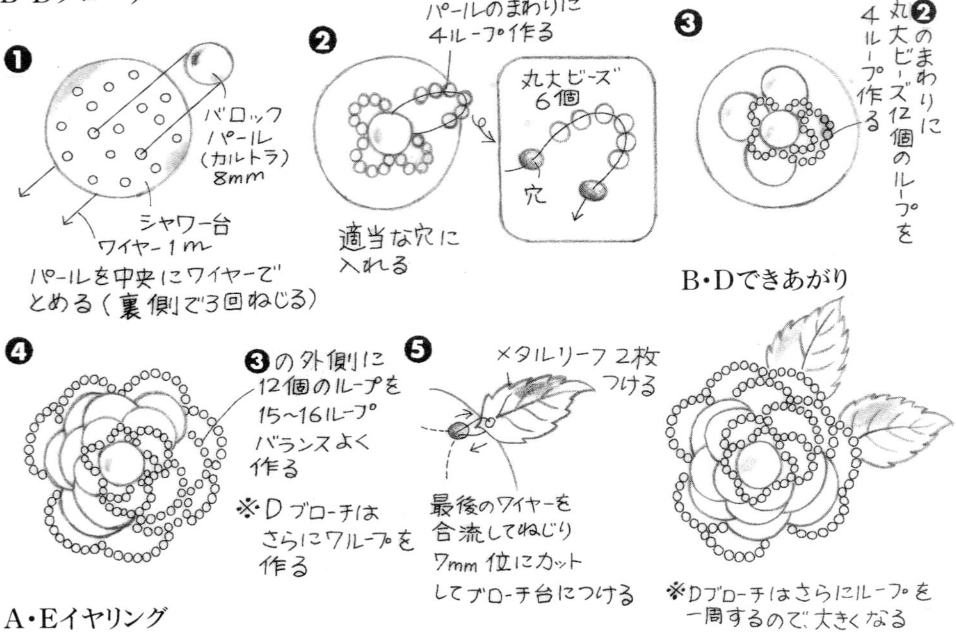

A・Eイヤリング

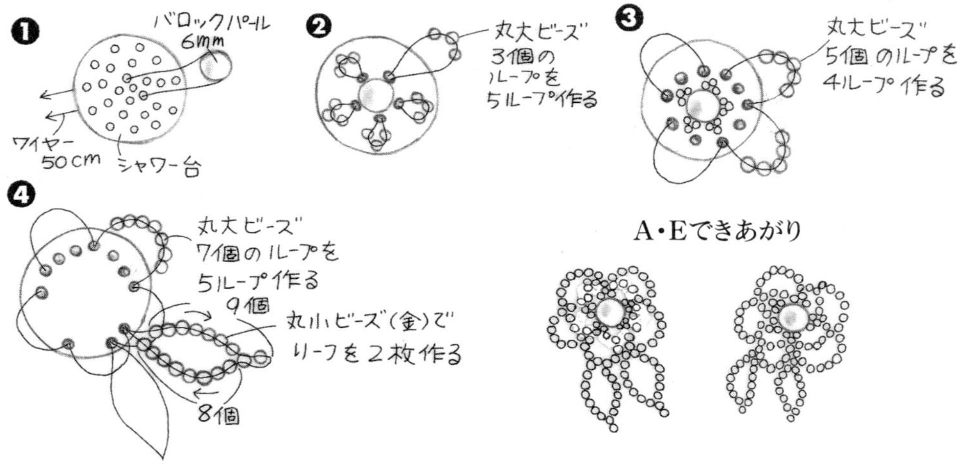

Cブローチ

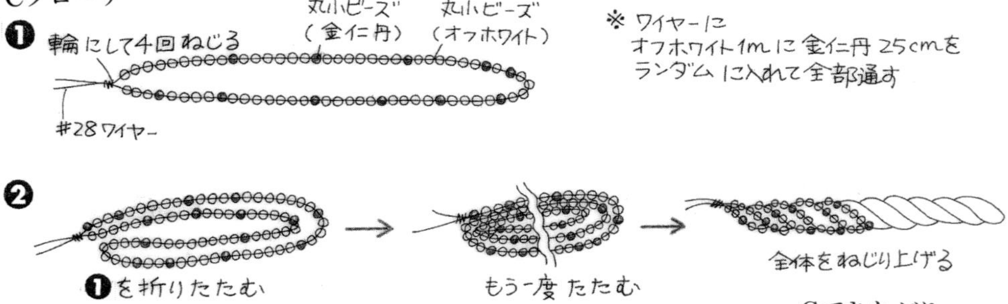

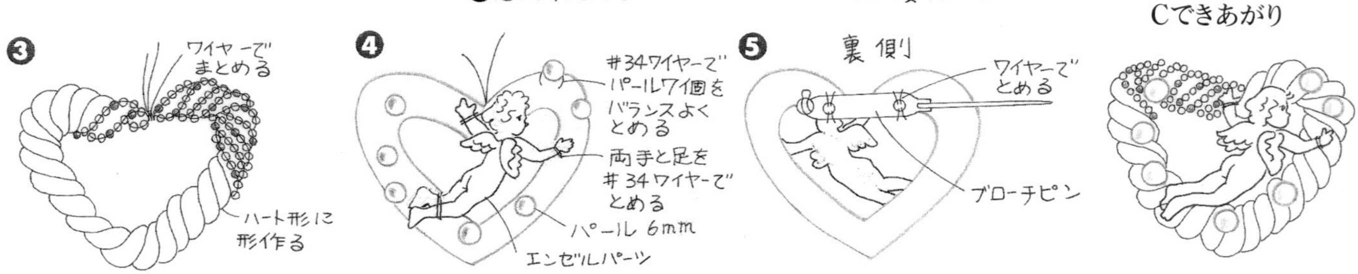

Love
愛
8ページ

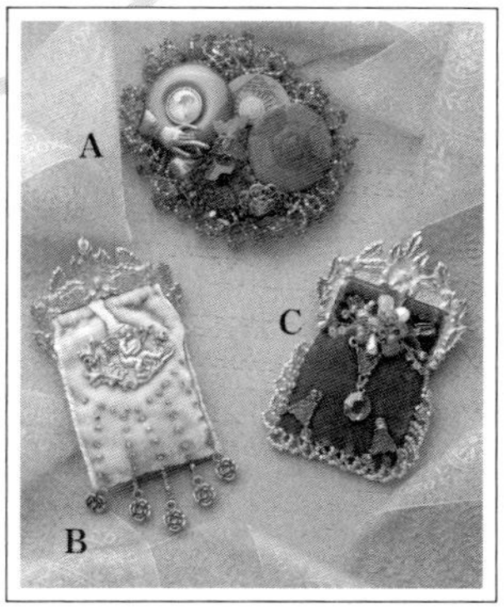

材料はトーホービーズを使用

仕上がり　Aブローチ…7.5×9cm
Bブローチ…6×11.5cm
Cブローチ…6×9cm

Aの材料　丸小ビーズ／茶941　1パック　スリーカットビーズ／金　CR712　1パック／茶パール　CR114　2パック　スパンコール亀甲　6mm／こげ茶虹　908　1パック　テグス／2号　6-11-1　1巻（アンティークボタン／8個　チョウパーツ／紫　1個　手のパーツ／1個　シャワー卵形ブローチ／銀　4×6cm　1個）

Bの材料　スリーカットビーズ／いぶし銀　CR601　1パック　メタルパーツ／メタルチャームバラ銀　α-7221SF　5個　ブローチピン／エンブレム式　9-30-1 銀 1個　（グリーンのビロードリボン／5×15cm　エンゼルパーツ／銀　1個　オードトワレを染みこませたキルト綿／少々　ポリエステルミシン糸／グリーン）

Cの材料　丸大ビーズ／金22　22個　スリーカットビーズ／金虹　CR722　1パック　セミプレッシャスビーズ／とら目　α-1546　4mm　3個／銅カラー　α-1547　4mm　3個　アクリルビーズ／ブルー　2208　6mm　1個　ローズビーズ／ピンク α-2355　6mm 1個／グリーン　α-2356　6mm　2個／銅色　α-2357　6mm　2個　バロックパール／カルトラ　α-8　6mm　1個　ツユパール／白　201　4×8mm　2個　天然石トップパーツ／黄色　α-1578　1個　メタルパーツ／リーフ　α-7200　GF　2個／ジョイント　α-7246　GF　3個　ブローチピン／エンブレム式　9-30-1　金　1個　丸カン／α-5321　GF　3.8mm　1個　ワイヤー／#34　11-34-1　金　1巻（ビロードリボン／こげ茶　5×15cm　キルト綿とラベンダー／少々　ポリエステルミシン糸／こげ茶）

(　)はトーホービーズでは扱っていません

Bブローチのポイント
Cの❶を参照してリボンをつける

Aブローチ

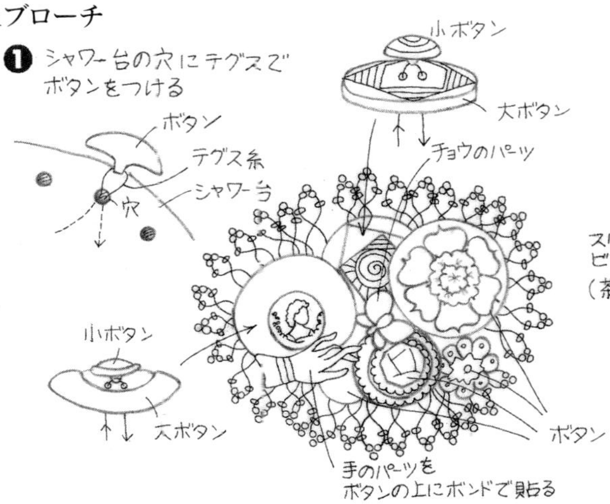

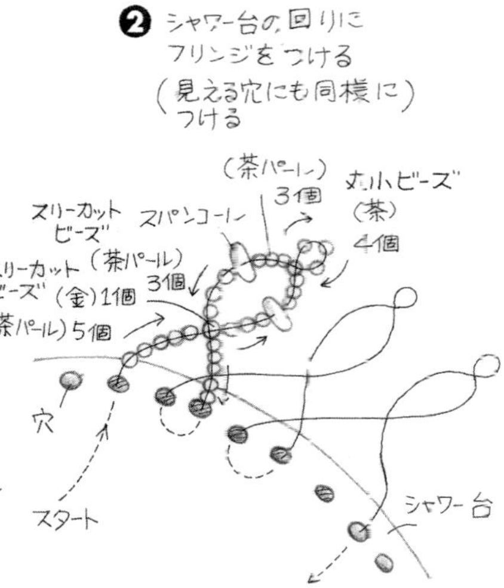

Cブローチ

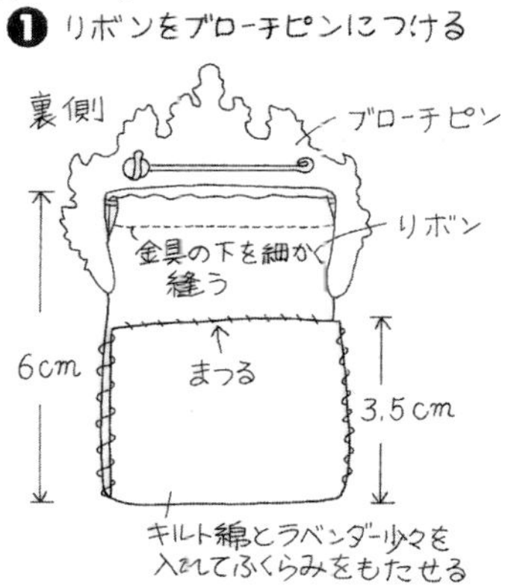

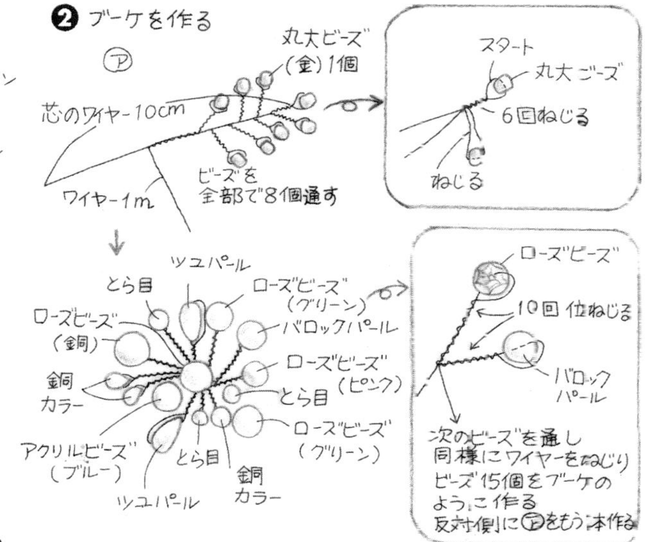

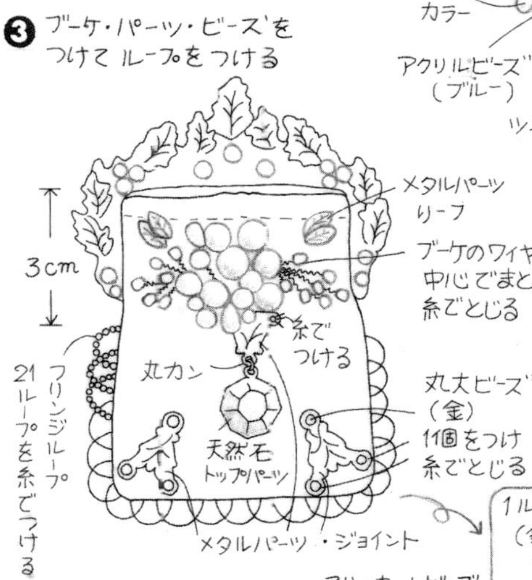

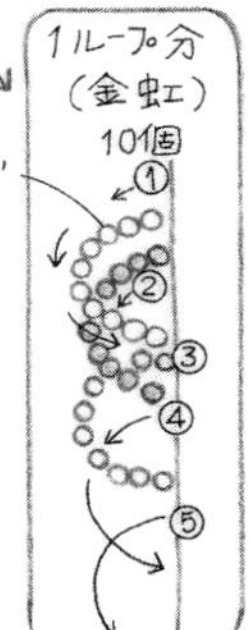

Bブローチ

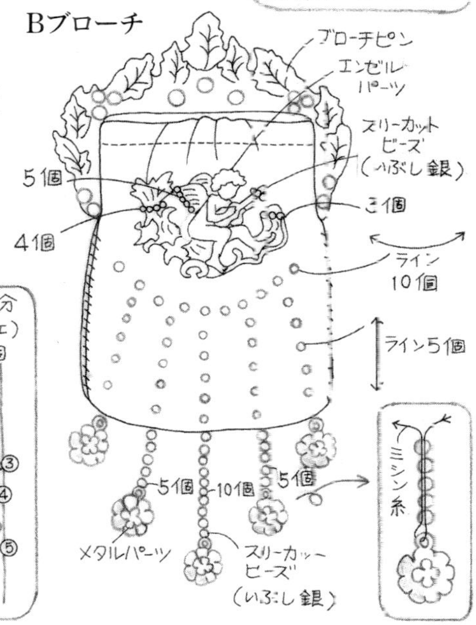

Love

「愛」

9ページ

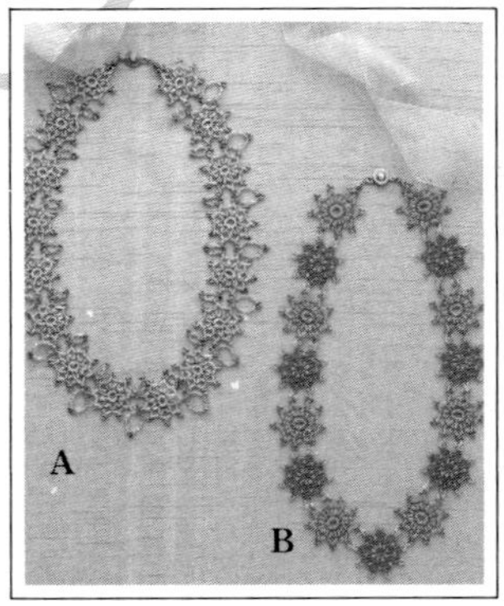

●●●材料はトーホービーズを使用●●●

仕上がり　A・Bネックレス…48cm

Aの材料　スリーカットビーズ／紫虹 CR166 3パック／メタリック茶 CR221 2パック　クラスプセット／α-503 金F 1セット　テグス／2号 6-11-1 1巻　ポリエステルミシン糸／モチーフ用

Bの材料　丸小ビーズ／ガラス 1 1パック／ブルー 932 2パック／薄紫 960 2パック　クラスプセット／α-503 銀F 1セット　テグス／2号 6-11-1 1巻　（ポリエステルミシン糸／モチーフ用）

（　）はトーホービーズでは扱っていません

Aネックレス

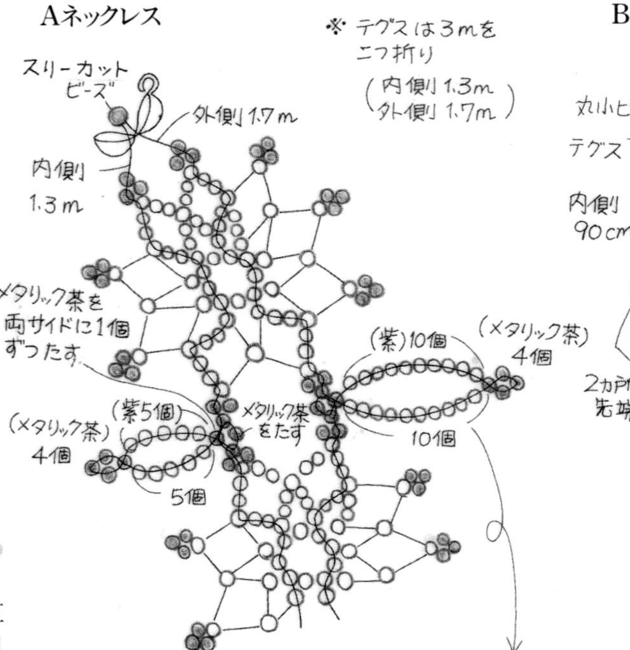

Bネックレス

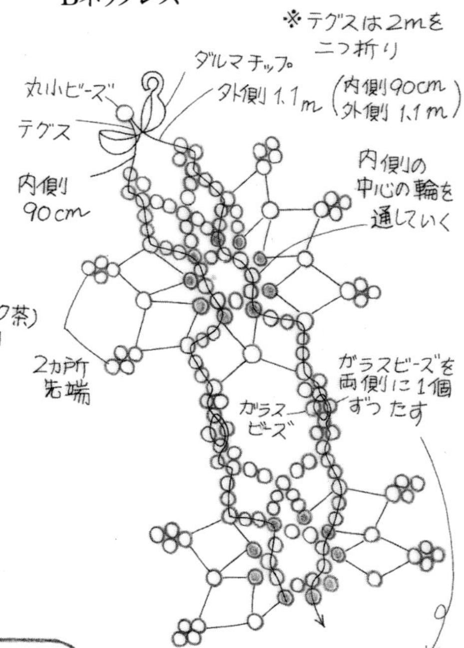

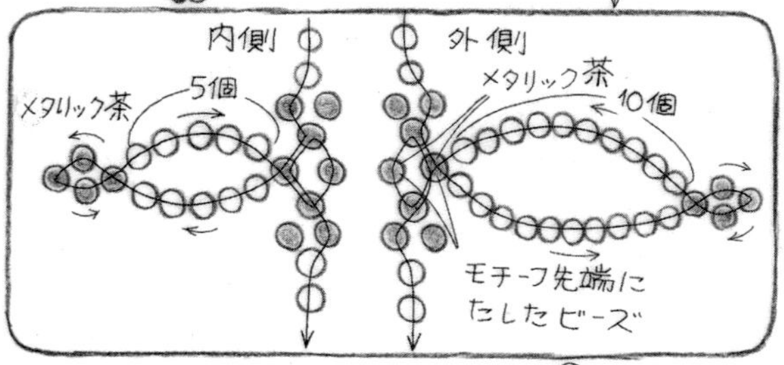

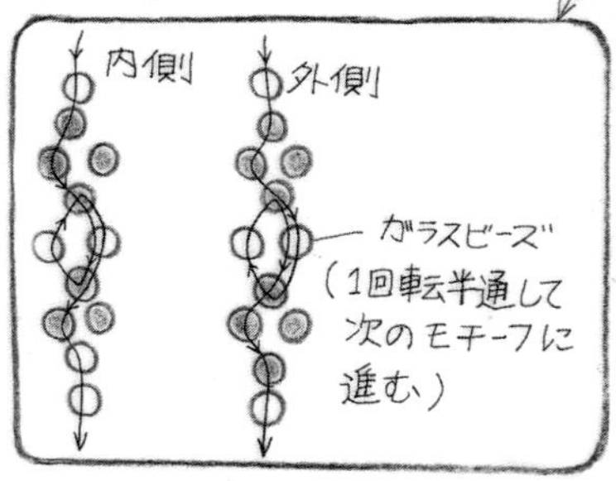

Aできあがり

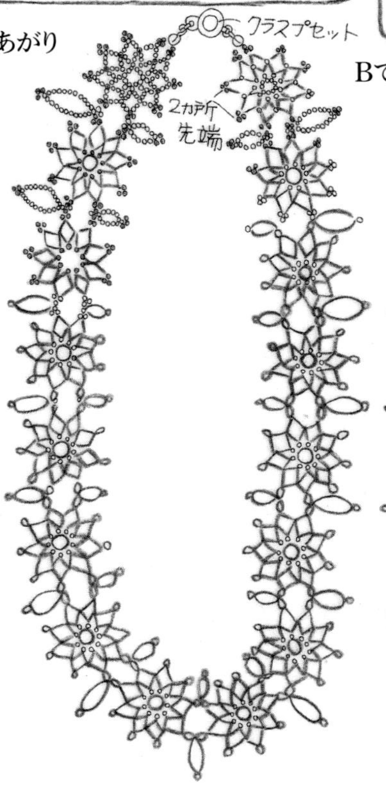

Bできあがり

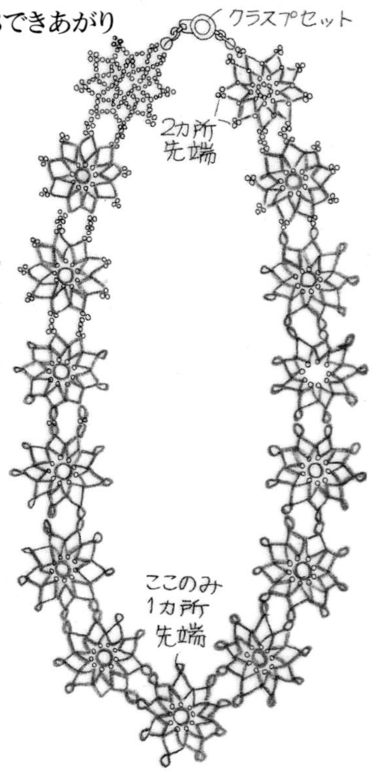

A・Bのモチーフの作り方

❶

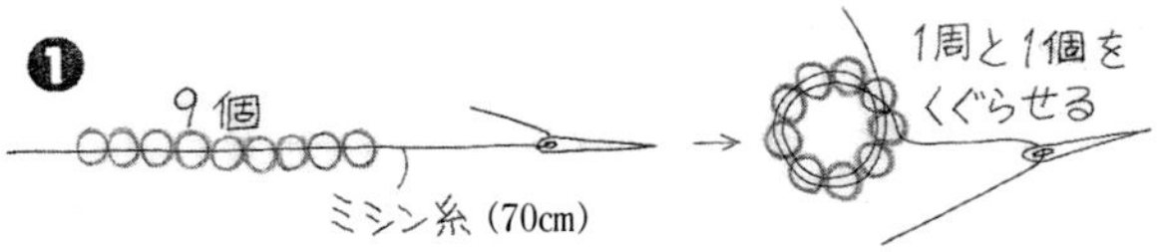

❷

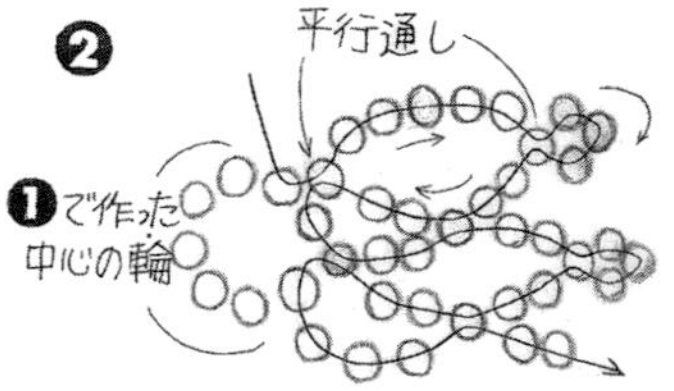

❸

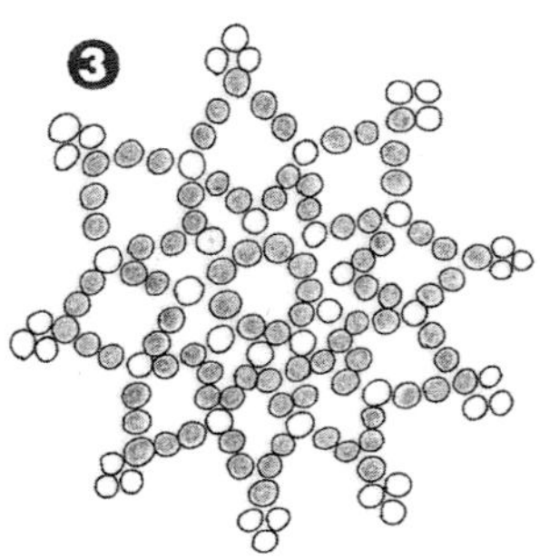

モチーフのビーズの配色

A ネックレス

紫虹とメタリック茶のタイプ

●＝紫虹
○＝メタリック茶　} 16枚作る

B ネックレス

●＝ブルー
○＝薄紫　} 7枚作る

●＝薄紫
○＝ブルー　} 8枚作る

Flower

花

13ページ

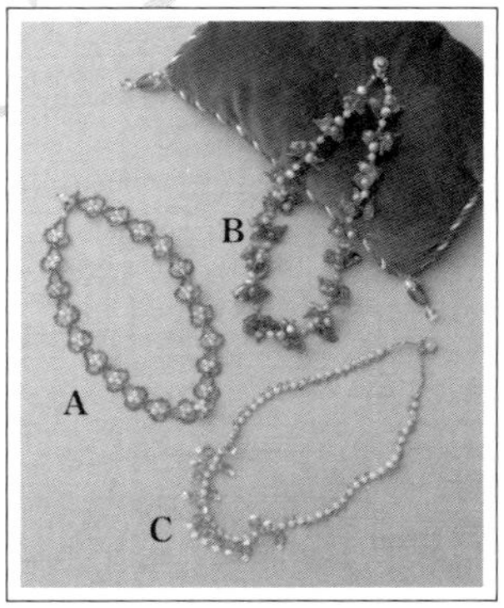

●●●**材料はトーホービーズを使用**●●●

仕上がり　Aネックレス…38cm
　　　　　Bネックレス…44cm
　　　　　Cネックレス…40cm

Aの材料　スリーカットビーズ／濃赤　CR400　1パック　セミプレッシャスビーズ(天然石)／緑　α-1545　4mm　65個／緑　α-1565　6mm　1個　テグス／2号　6-11-1　1巻

Bの材料　スリーカットビーズ／紫　6C　2パック　天然石ビーズ／紫　α-1504　クラッシュタイプ　36個／緑　α-1565　4mm　18個／レンガ色　α-1567　6mm　54個　クラスプセット／α-503　金F　1セット　テグス／2号　6-11-1　1巻

Cの材料　スリーカットビーズ／ベージュ虹　CR162　1パック／ブルー虹　CR540　1パック　セミプレッシャスビーズ(天然石)／緑　α-1545　4mm　59個／緑　α-1565　6mm　1個　テグス／2号　6-11-1　1巻

Aネックレス

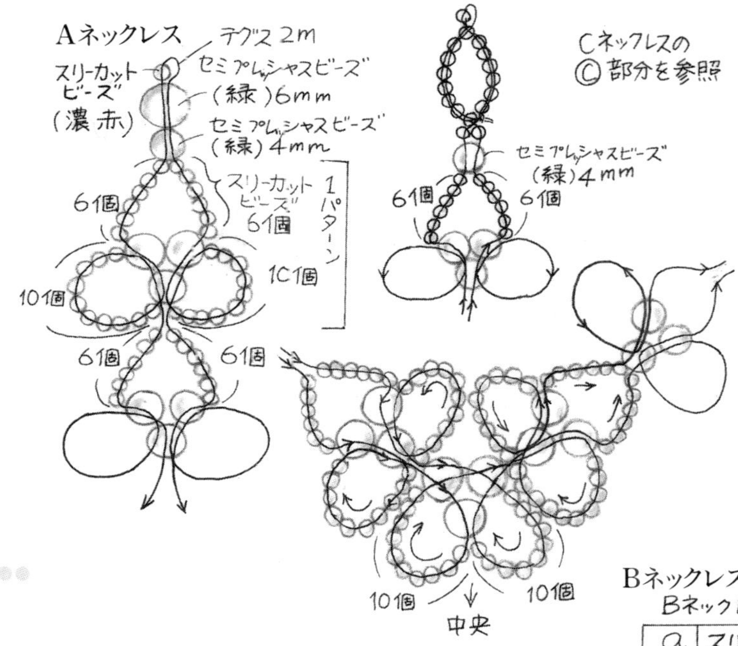

Aできあがり

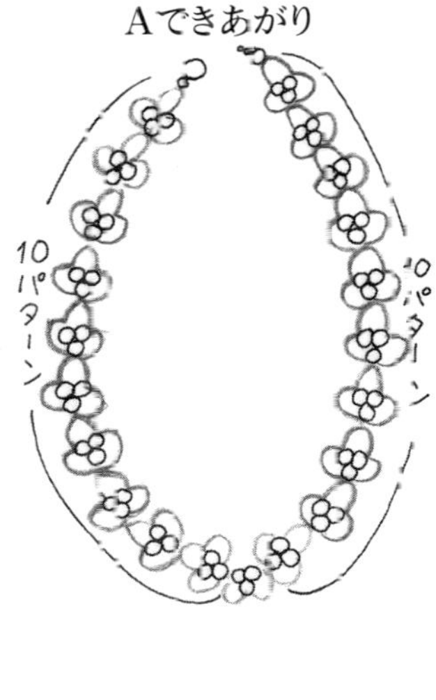

Cネックレス

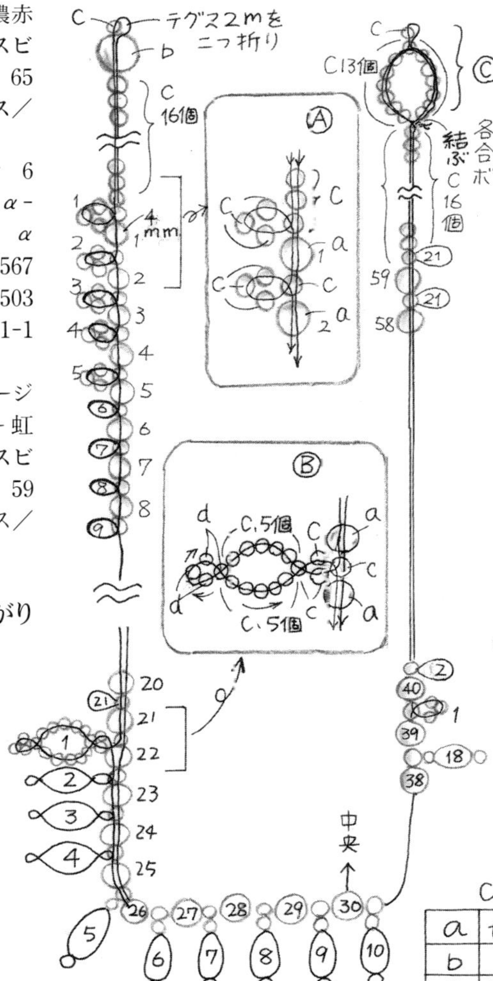

Cネックレスのビーズ記号

a	セミプレッシャスビーズ	緑 4mm
b	〃	緑 6mm
c	スリーカットビーズ	ブルー虹
d	〃	ベージュ虹

Cできあがり

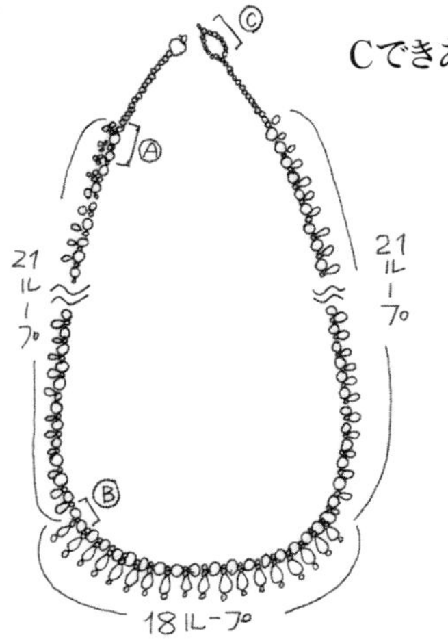

Bネックレス

Bネックレスのビーズ記号

a	スリーカットビーズ	紫
b	天然石ビーズ	紫クラッシュ
c	〃	緑 4mm
d	〃	レンガ色 5mm

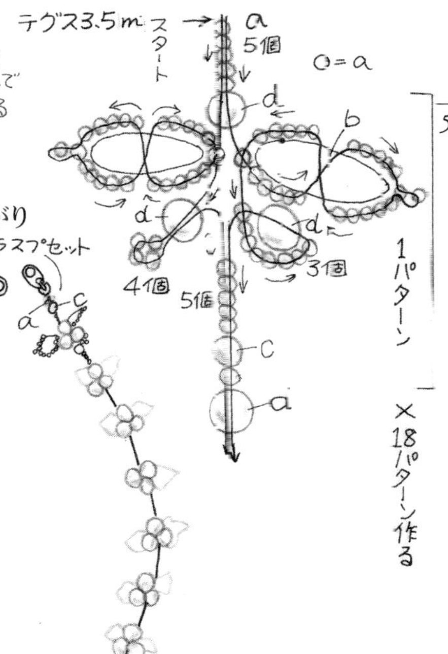

Bできあがり

Carnival

「南国の花」

10ページ

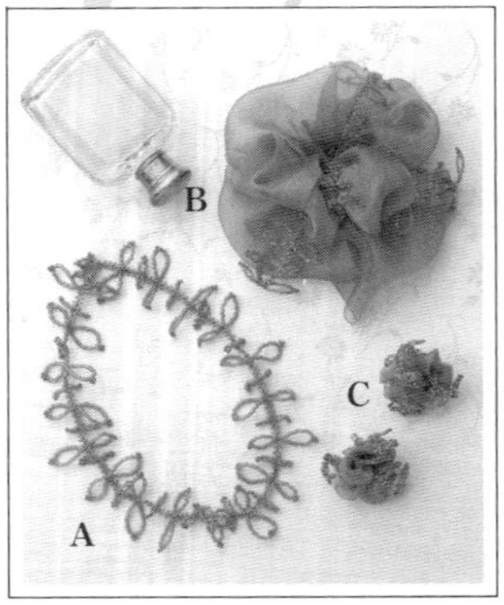

●●●材料はトーホービーズを使用●●●

仕上がり Aネックレス…4×44cm
Bコサージュ…13×13cm
Cイヤリング…4.5×4.5cm

Aの材料 丸小ビーズ／緑虹 326 2パック スリーカットビーズ／濃赤 CR400 1パック アクリルビーズカット玉／赤 α-268 8㎜ 1個 テグス／2号 6-11-1 1巻

B・Cの材料 スリーカットビーズ／虹 CR539 3パック／濃赤 CR400 1パック シャワーイヤリング／9-12-19 銀 1セット シャワーブローチ／特大 30㎜ 9-20-4 銀 1個 ワイヤー／#34 11-34-1 金 1巻 （オーガンジーリボン／10cm×1m）

（ ）はトーホービーズでは扱っていません

A・B・Cのビーズ記号

記号	種類	色
a	丸小ビーズ	緑虹
b	スリーカットビーズ	濃赤
c	〃	虹

Aネックレス

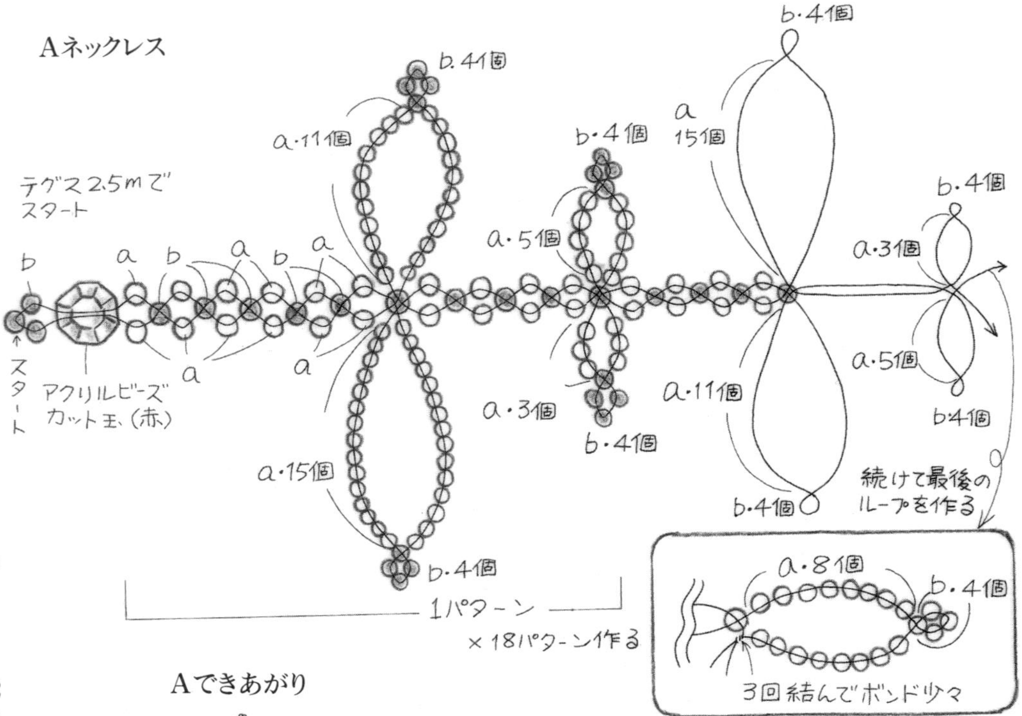

Aできあがり

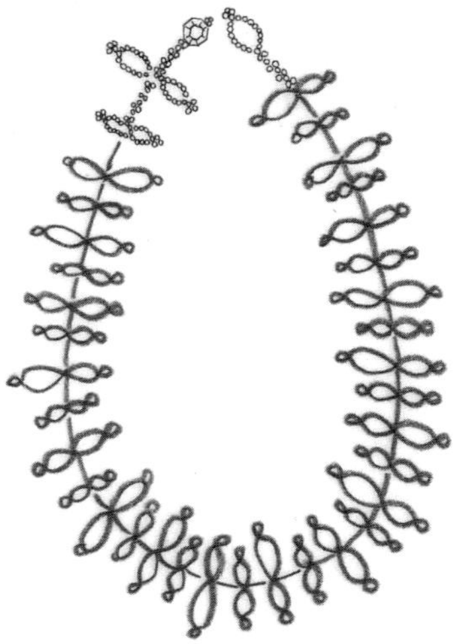

Bコサージュ

❶

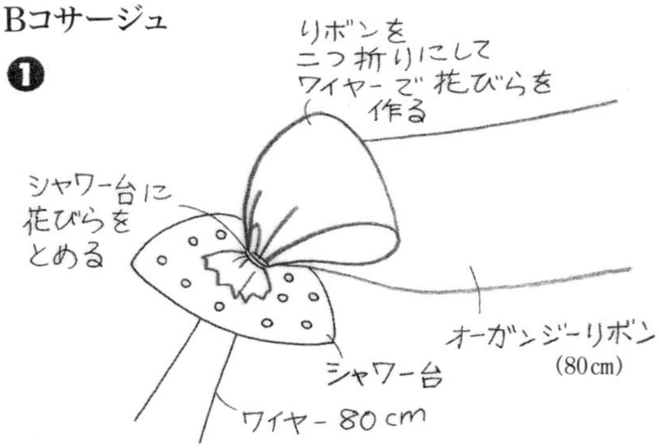

❷

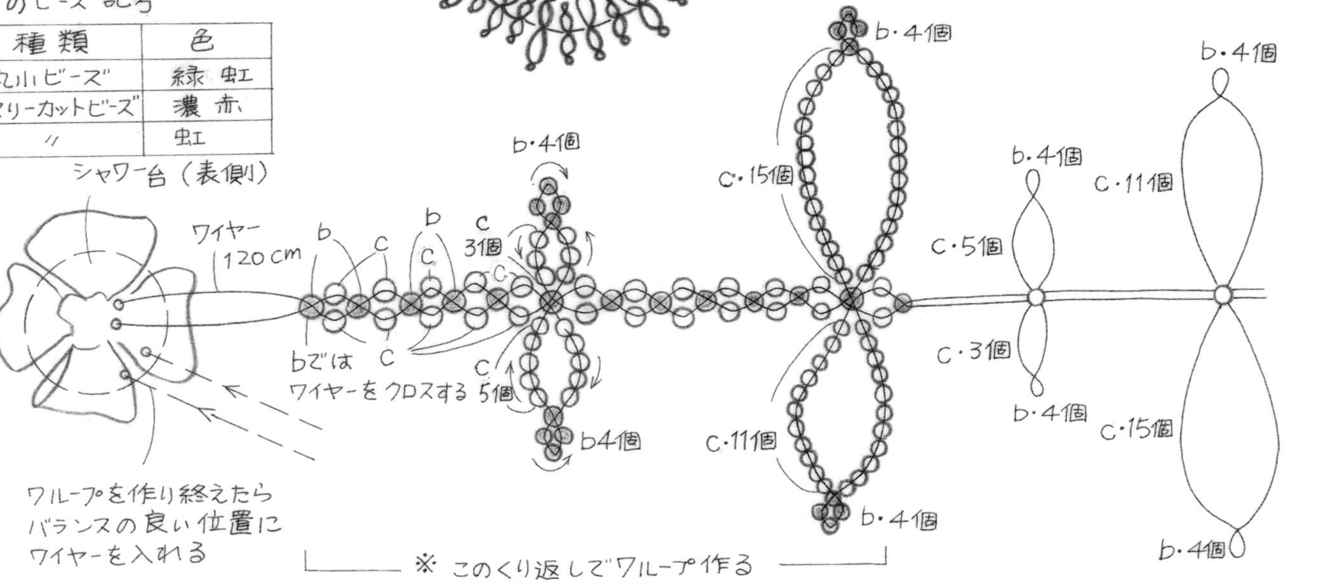

Ⓐ・Ⓑ・Ⓒ 部分（右ページ）の3本を作る

Carnival

「南国の花」

11ページ

材料はトーホービーズを使用

仕上がり　Aネックレス…40cm
　Bブローチ…　7×14cm

Aの材料　丸小ビーズ／緑虹　326　2パック／緑　940　2パック／オレンジ　925　1パック　アクリルビーズカット玉／ピンクα-260　8mm　1個　(アンティークボタン／1cm　6個)　ワイヤー／#34　11-34-2　銀　1巻　テグス／2号　6-11-1　1巻　シャワーイヤリングのシャワー台のみ／14mm　9-12-18 銀 3個

Bの材料　丸小ビーズ／緑虹　326／緑　940／各2パック　ワイヤー／#34　11-34-2　銀　1巻　(アンティーク造花／適量　シャワーブローチ／三日月　銀1個)

(　)はトーホービーズでは扱っていません

●ポイント

Aネックレスはリーフを11枚作り、シャワー台の穴にさして裏側でねじる。ボタンは別のワイヤーでとめる。ワイヤーは裏側でねじってまとめる

Bブローチは Aネックレスと同様にリーフを9枚作り、シャワー台につけて造花を貼る

Aネックレス

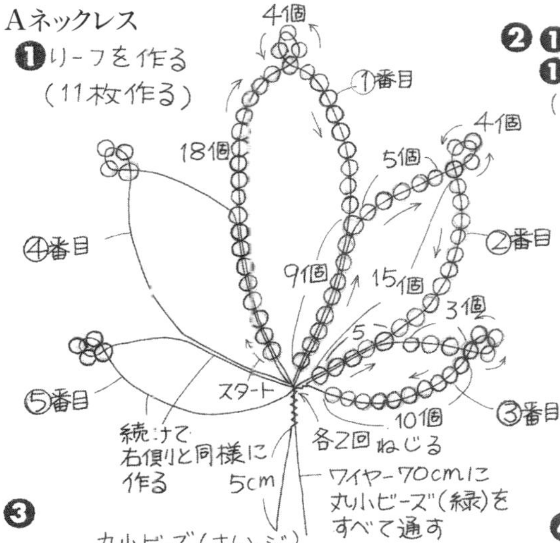

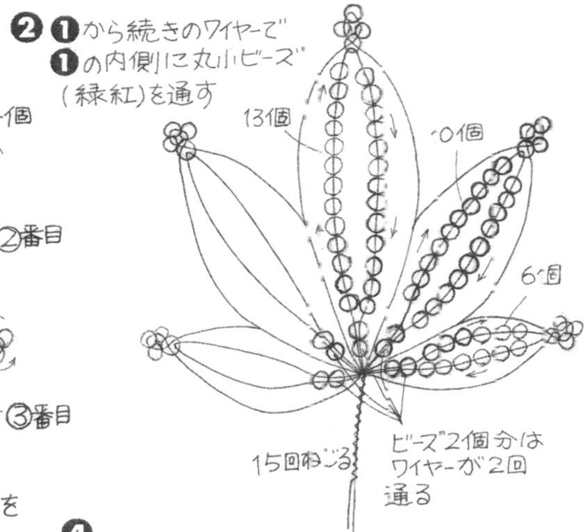

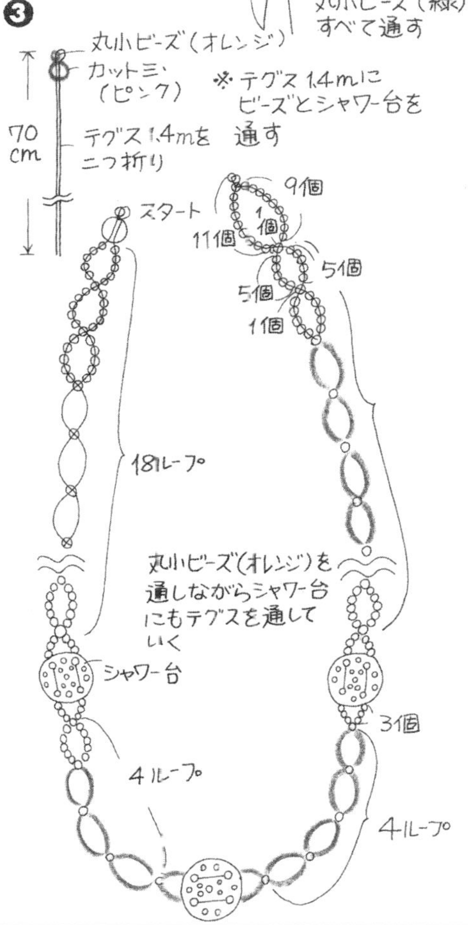

Bブローチ

Bコサージュのできあがり

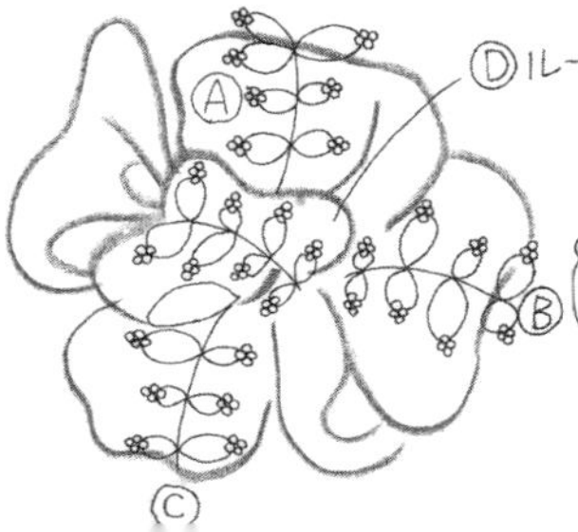

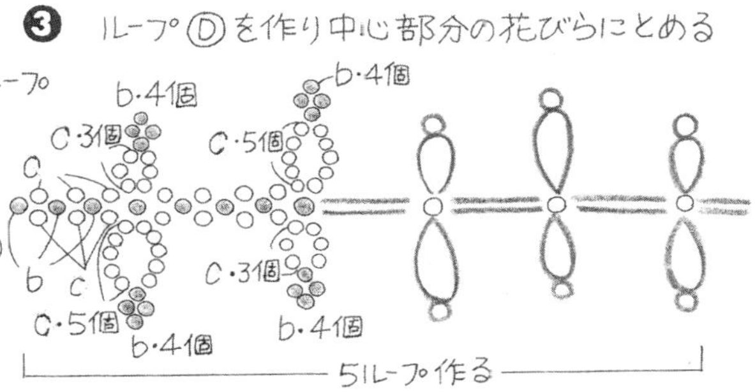

Cイヤリングのできあがり

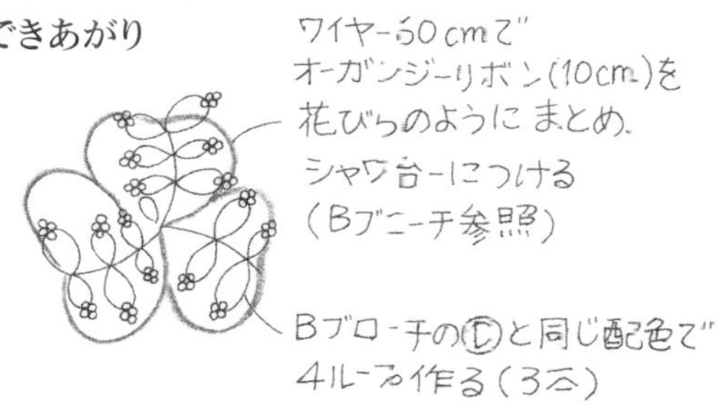

Flower

花

12ページ

●●●**材料はトーホービーズを使用**●●●

仕上がり　ネックレス…50cm

材料　丸小ビーズ／ガラス紫　6　1パック／オフホワイト122　1パック／紫パール151　1パック／緑とエンジの玉虫　247　5パック／肌色　923　1パック／紫　928　2パック／緑　940　3パック／水色　953　1パック／薄紫　960　1パック／黄色　983　2パック　スリーカットビーズ／濃赤　CR400　／エンジと赤の玉虫　CR425／各1パック　丸大ビーズ／ブルー 942／クリーム123／薄緑虹 173／トルコブルー 264／赤虹 330／各1パック　ワイヤー／#34　11-34-1　金　5巻　（しんちゅうワイヤー／#20　50cm　ビロードリボン／ワイン　1cm×1m）

(　)はトーホービーズでは扱っていません

小花記号	ワイヤーの長さ(1本分)	作る本数
Ⓐ	60 cm	7本
Ⓑ	50 cm	8本
Ⓒ	65 cm	3本
Ⓓ	50 cm	7本
Ⓔ	50 cm	8本
Ⓕ	50 cm	7本
Ⓖ	50 cm	7本
Ⓗ	50 cm	7本
Ⓘ	30 cm	5本
Ⓙ	35 cm	11本
Ⓚ	30 cm	4本

小花の作り方

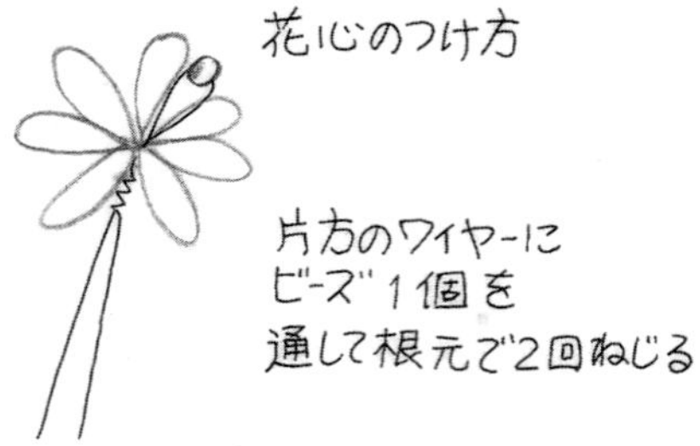

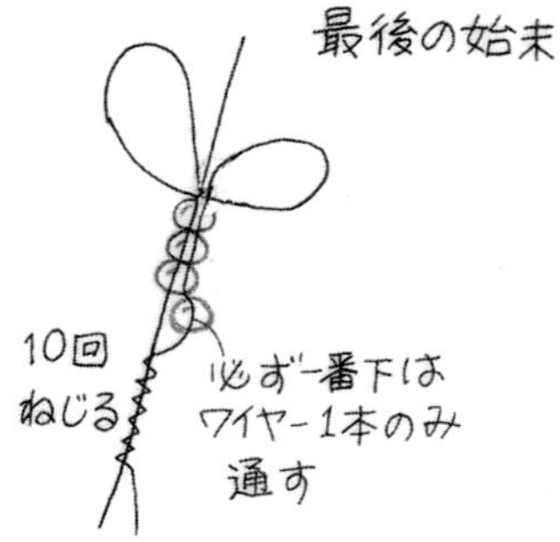

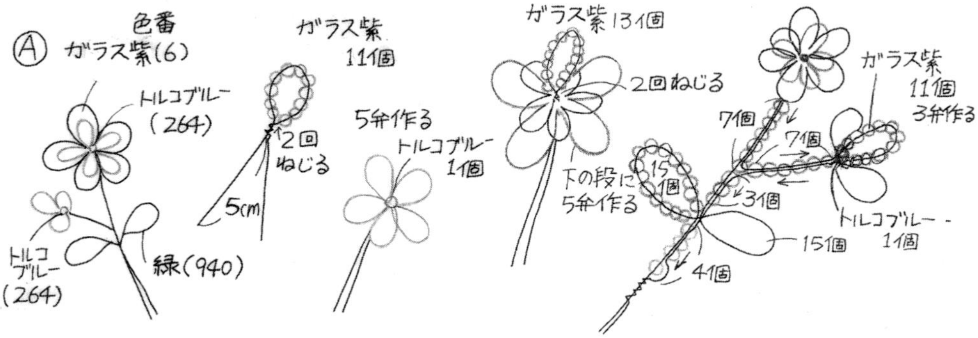

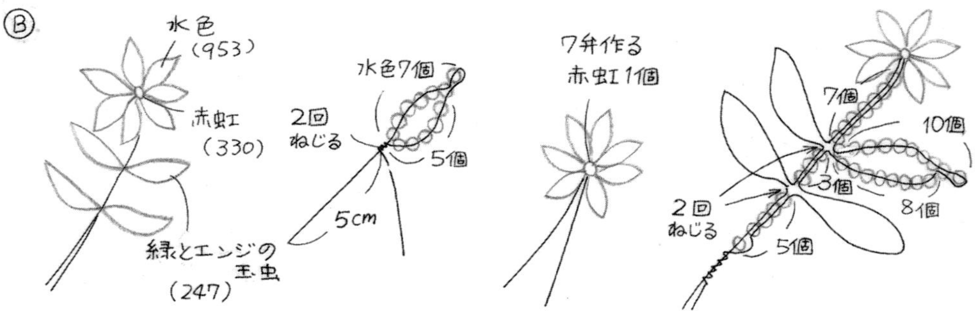

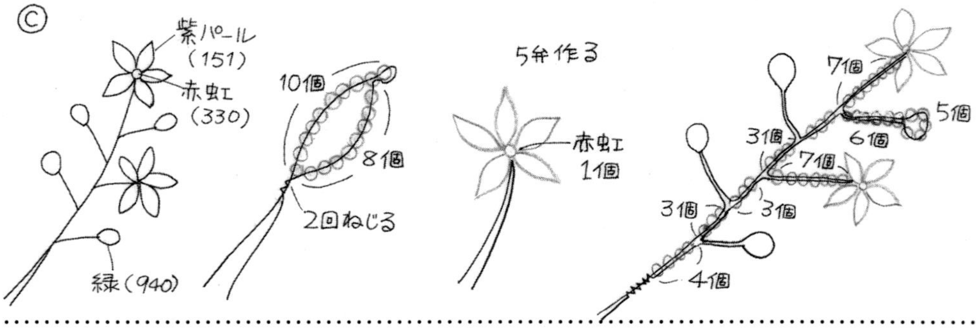

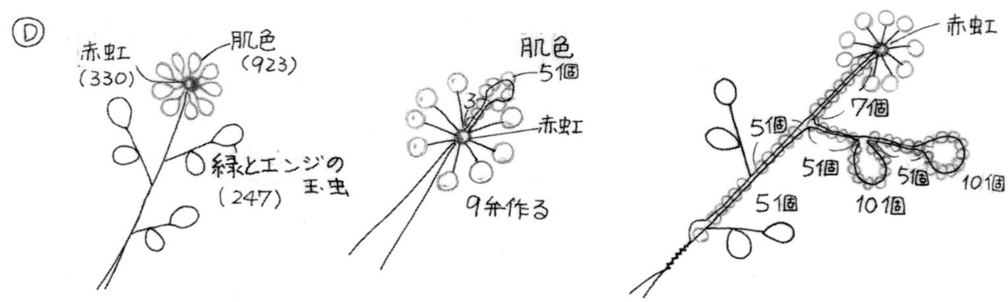

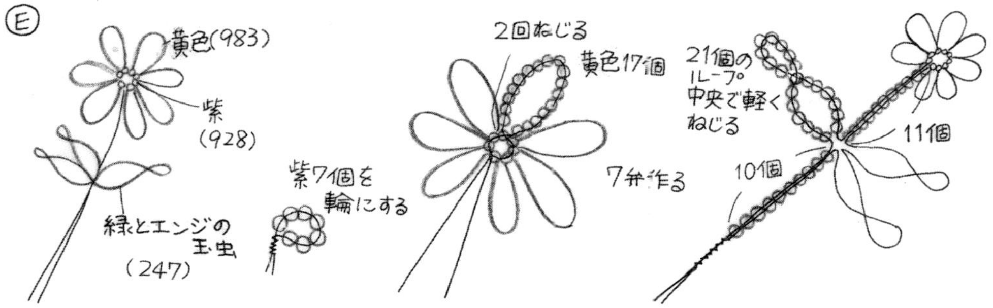

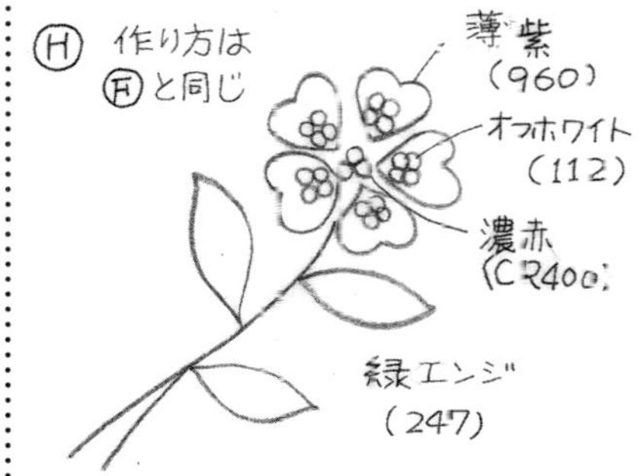

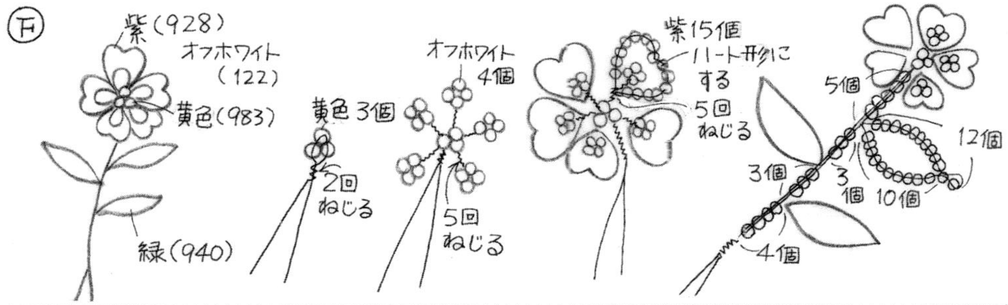

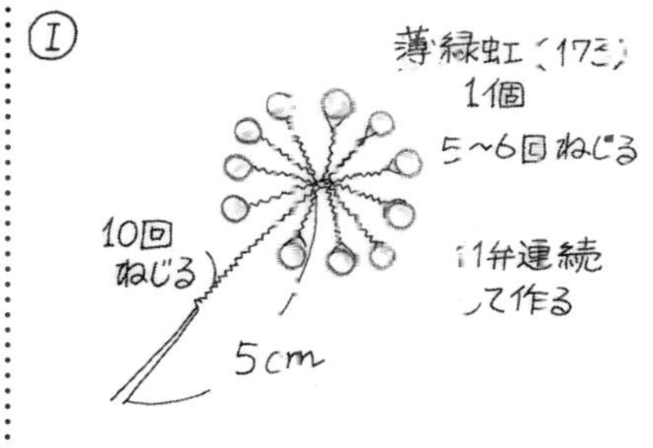

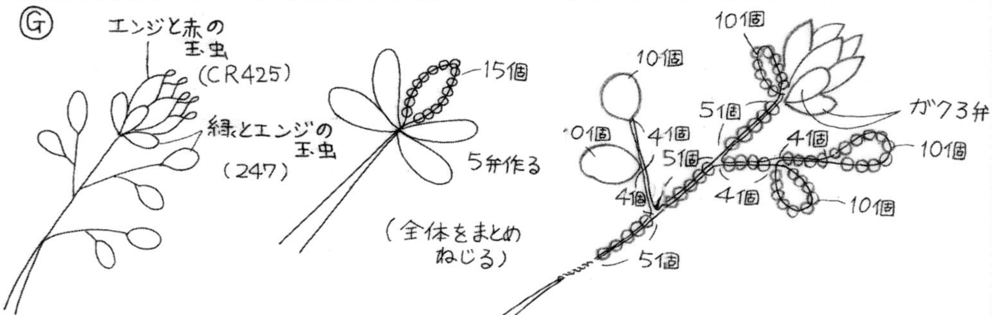

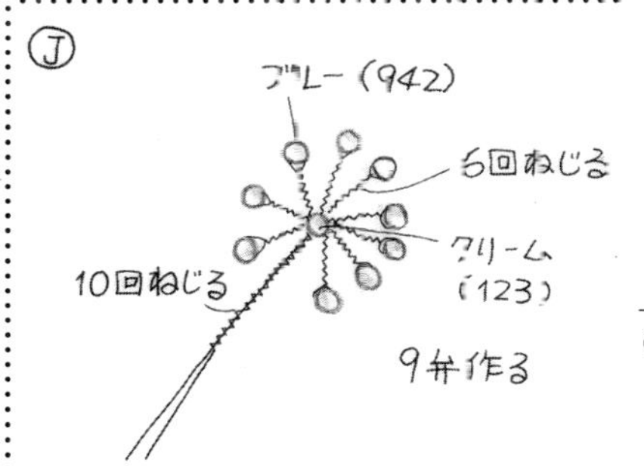

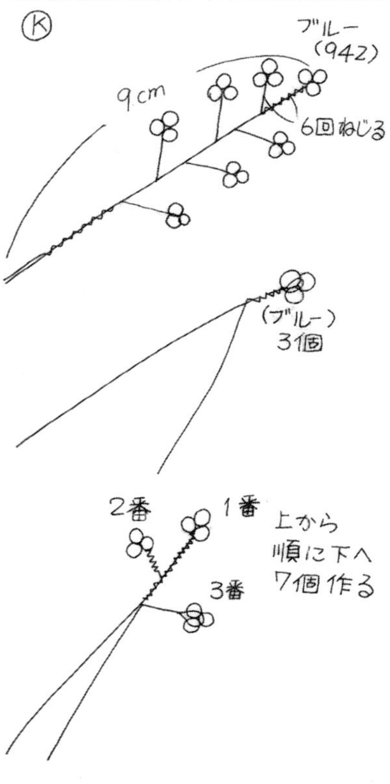

ネックレスの作り方

❶Ⓐ～Ⓚの小花を5～6本ずつ配色よく束にしてミニブーケを作る

❷#20ワイヤーでリボン通しを作る

❸ ❶のミニブーケをワイヤーに、等間隔に巻きつけてゆく

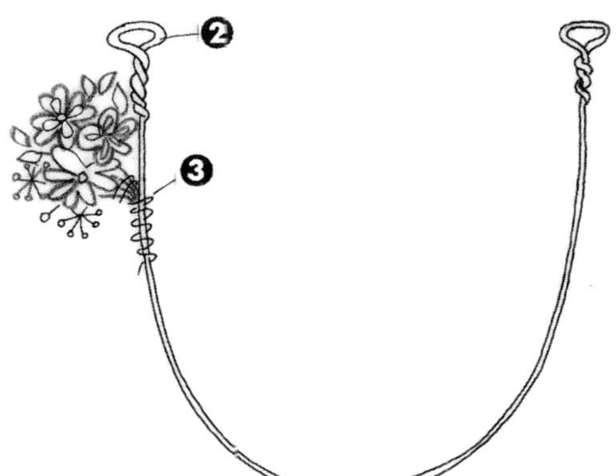

できあがり

Dot

「水玉」

14ページ

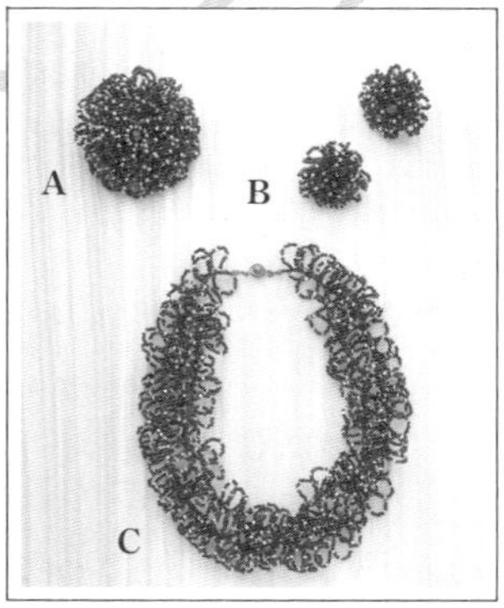

●●●**材料はトーホービーズを使用**●●●

仕上がり　Aブローチ…直径6.8cm
Bイヤリング…直径4.2cm
Cネックレス…3.5×46cm

Aの材料　スリーカットビーズ／黒 CR49　6パック　バラビーズ丸小／アイボリー　51　1パック　アクリルカットビーズ／黒　α-353　1個　シャワーブローチ／特大　30mm　9-20-4　金　1個　テグス／2号　6-11-1　1巻

Bの材料　スリーカットビーズ／黒 CR49　3パック　バラビーズ丸小／アイボリー　51　1パック　アクリルカットビーズ／黒　α-353　2個　シャワーイヤリング／20mm　9-12-19　金　1セット　テグス／2号　6-11-1　1巻

Cの材料　スリーカットビーズ／黒 CR49　10パック　バラビーズ丸小／アイボリー　51　2パック　クラスプセット／α-503　銀F　1セット　テグス／2号　6-11-1　2巻

●ポイント

A・B・Cともループを作るテグスの長さは使いやすい長さで始めて(約1.5m)たりなくなったら結んでそのつどたす

Cネックレス

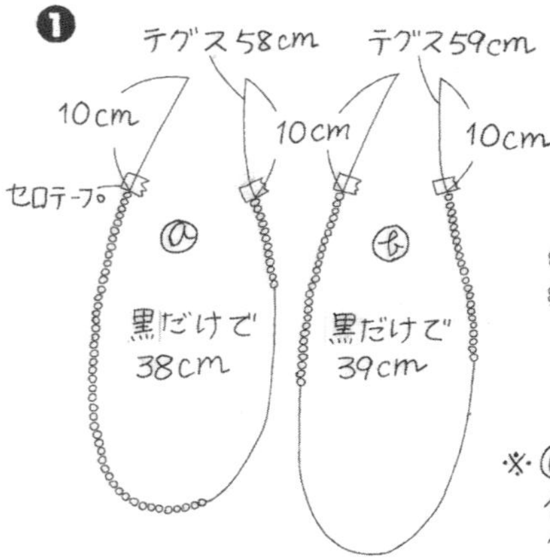

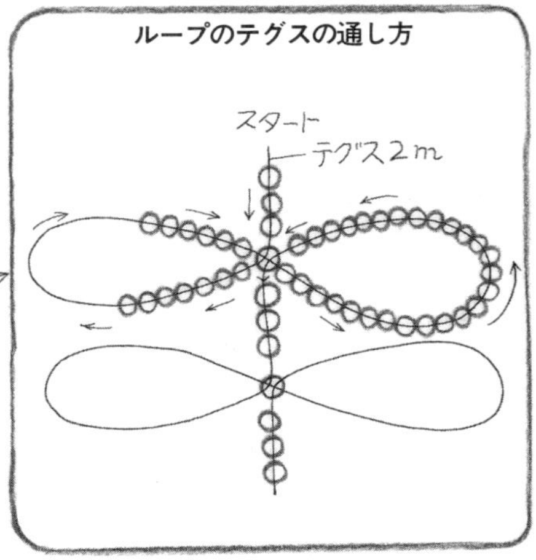

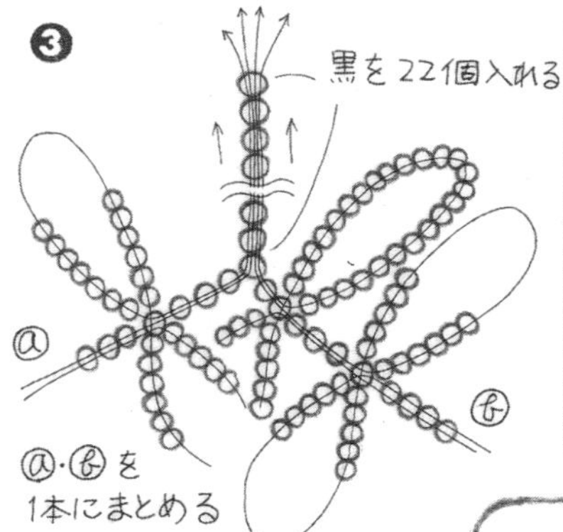

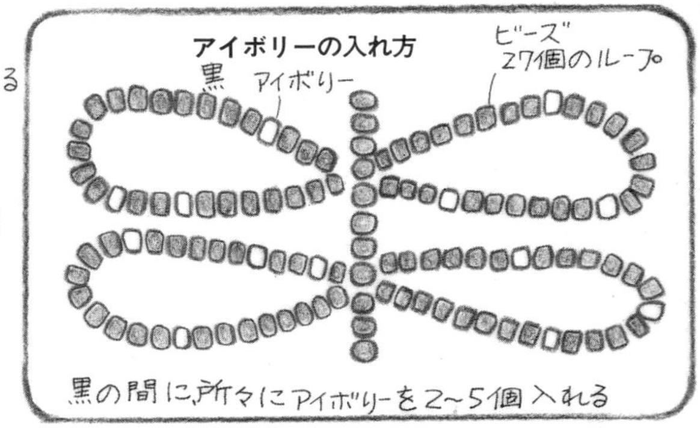

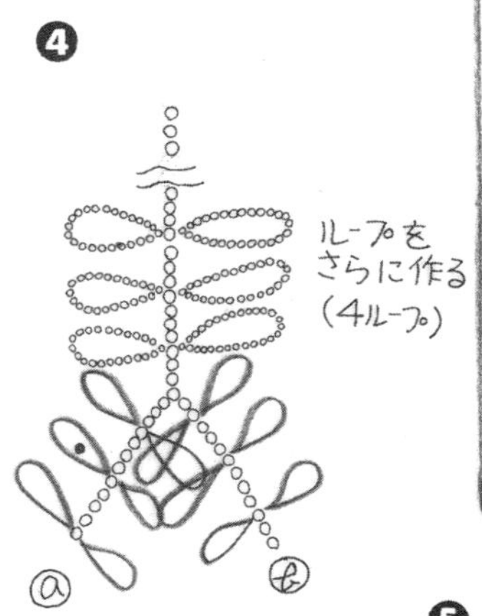

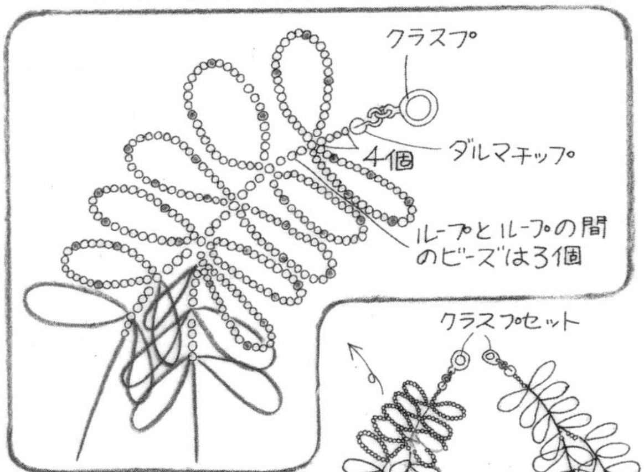

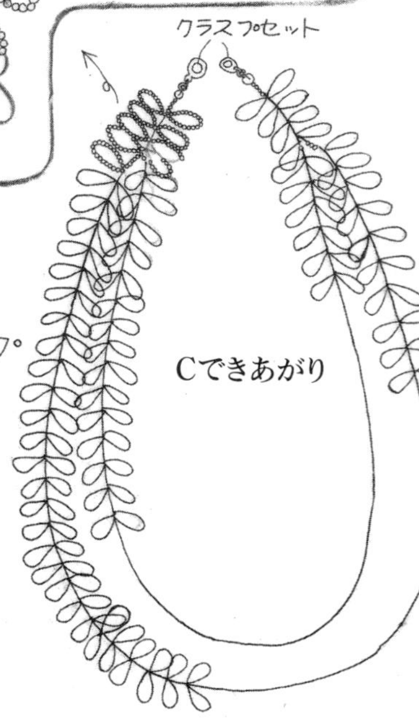

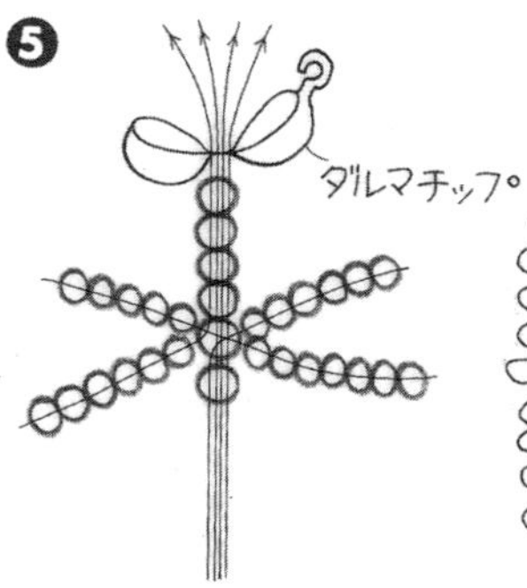

Bイヤリング

※作り方はAブローチ(右ページ)参照

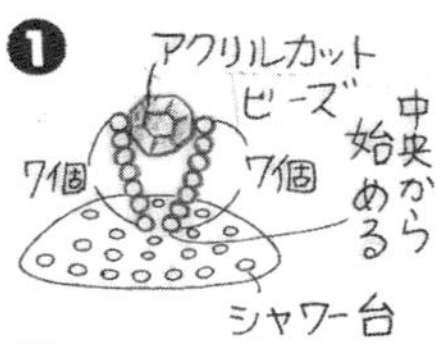

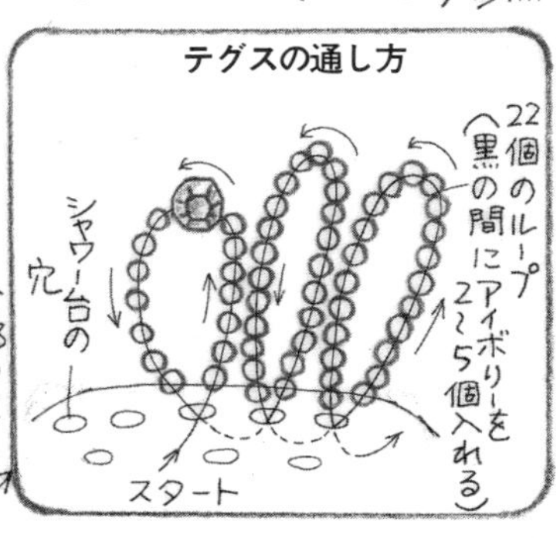

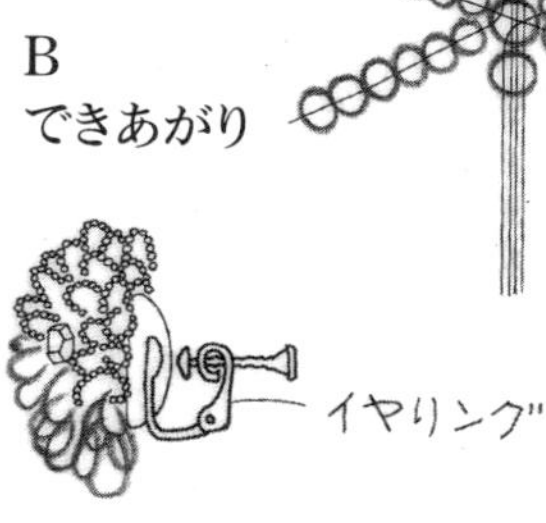

Dot

「水玉」

15ページ

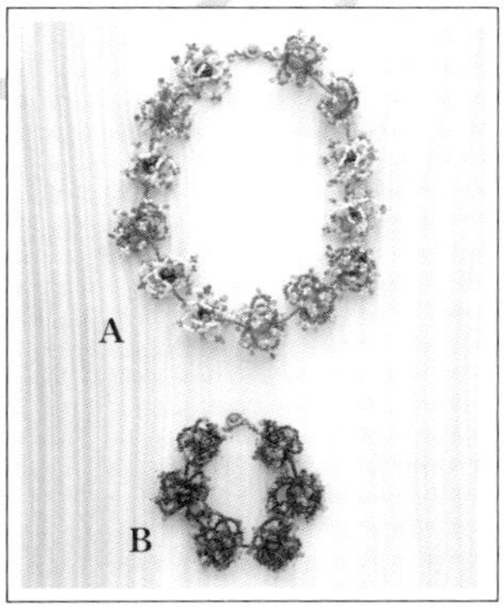

●●●材料はトーホービーズを使用●●●

仕上がり　Aネックレスレス…3×43cm
　Bブレスレット…3×21cm

Aの材料　スリーカットビーズ／オフホワイト　CR122／メタリック茶　CR221／各2パック　バラビーズ丸小／アイボリー　51　1パック　バラビーズマガ玉／ミックス　BM61　2パック　アクリルビーズ丸玉／薄紫　α-203　10㎜　6個　黒パール／204　10㎜　7個　クラスプセット／α-503　金F　1セット　テグス／2号　6-11-1　1巻

Bの材料　スリーカットビーズ／黒　CR49　2パック／メタリック茶　CR221　1パック　バラビーズマガ玉／ミックス　BM61　1パック　黒パール／204　10㎜　6個　クラスプセット／α-503　金F　1セット　テグス／2号　6-11-1　1巻

Aネックレス

❶ ボンボンを作る　※1個につきテグス280cm

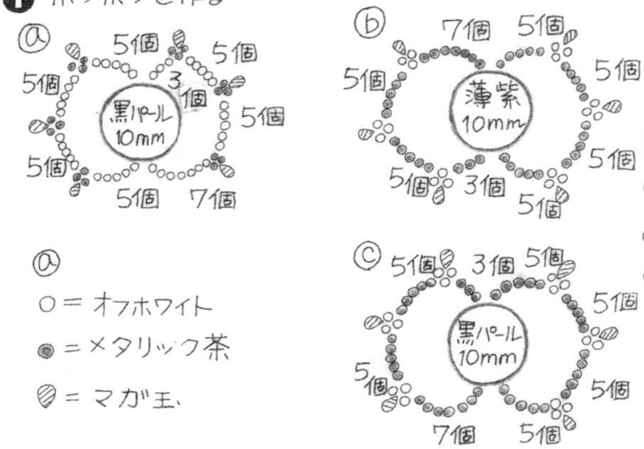

ⓐ
○＝オフホワイト
●＝メタリック茶
◎＝マガ玉

ⓑ・ⓒ
●＝メタリック茶
○＝アメボリー
◎＝マガ玉

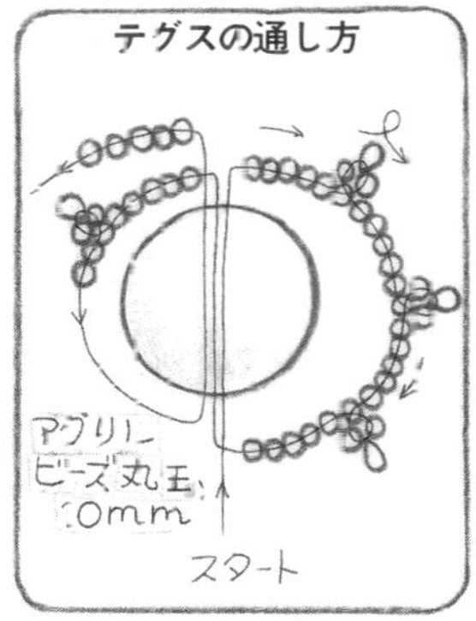

ループのビーズの数

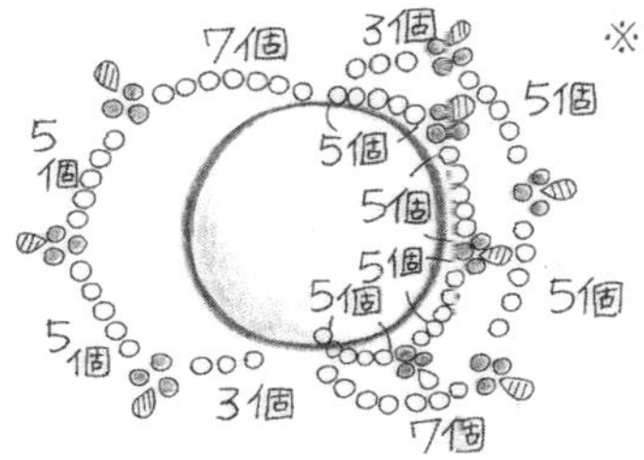

※ボンボンⓐⓑⓒとも左図の3種類のループを合計9ループ巻く

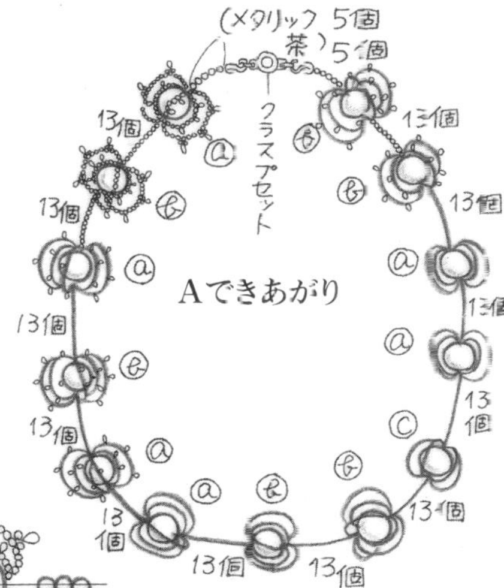

❷

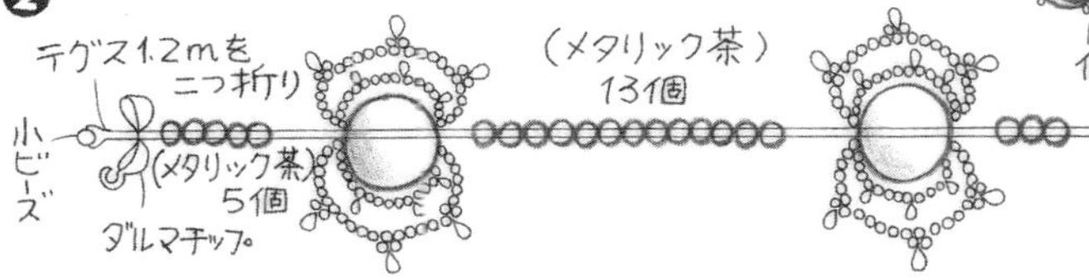

Bブレスレット

❶

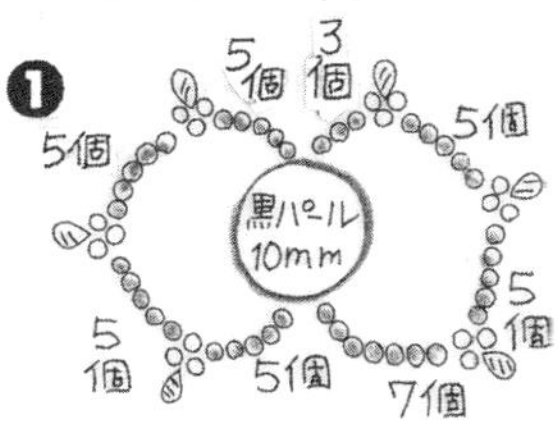

●＝黒
○＝メタリック茶
◎＝マガ玉

※ボンボンの作り方はAネックレスと同じ
6個作る

❷

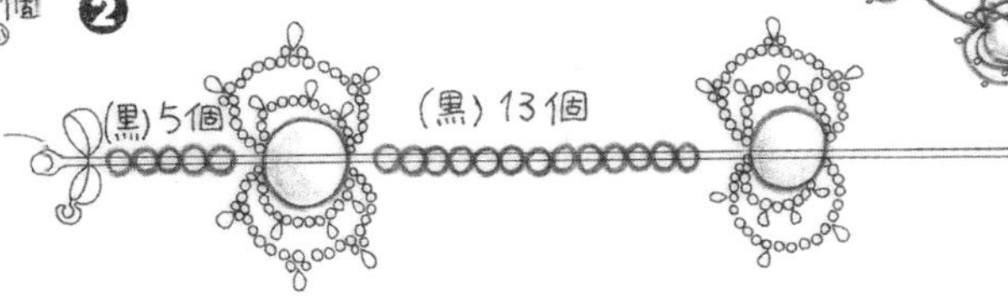

Bできあがり

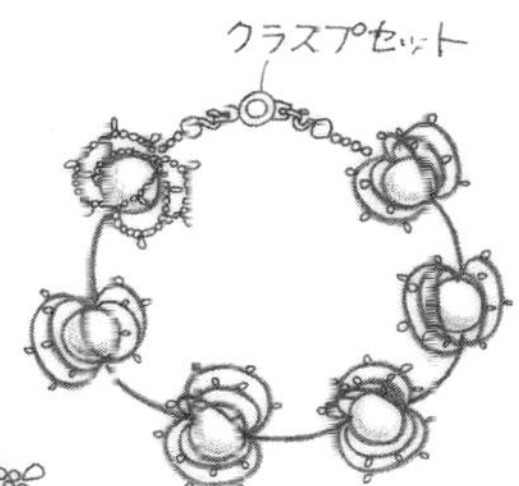

Aブローチ

❶

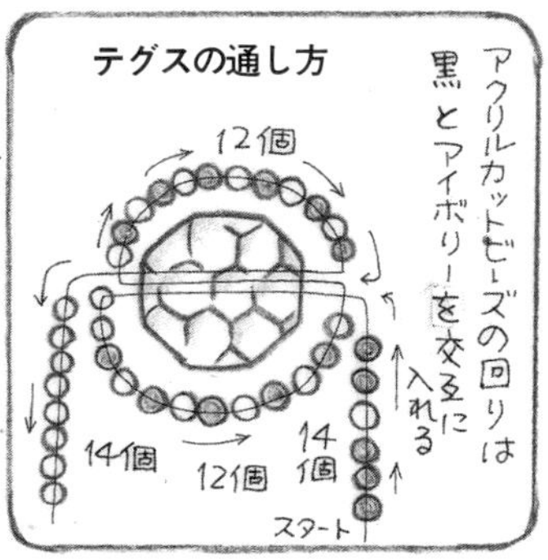

❷

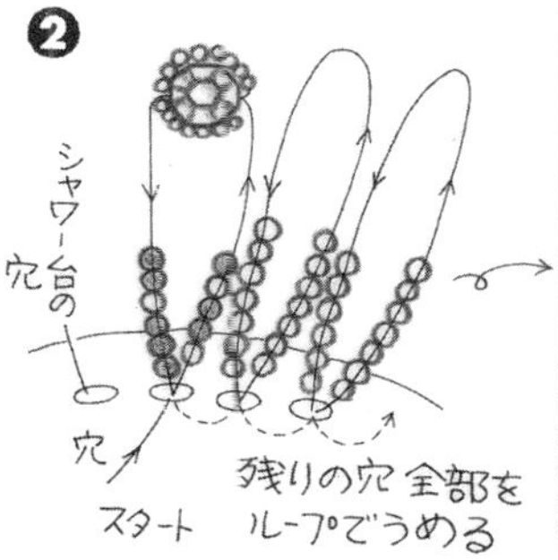

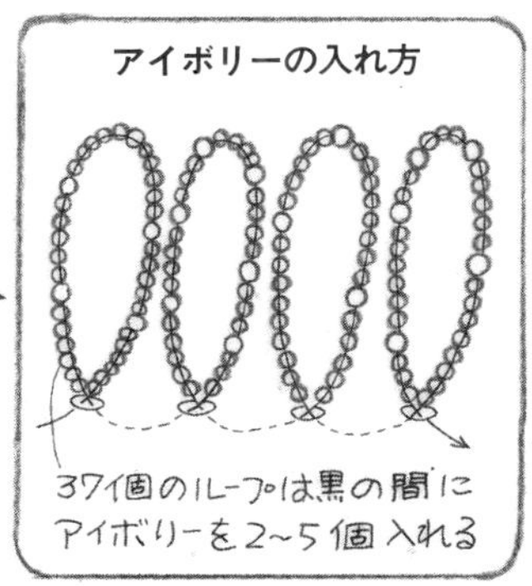

Aできあがり

※ループの最後のテグスはスタートと結ぶ

Spring

「春風の香り」

16ページ

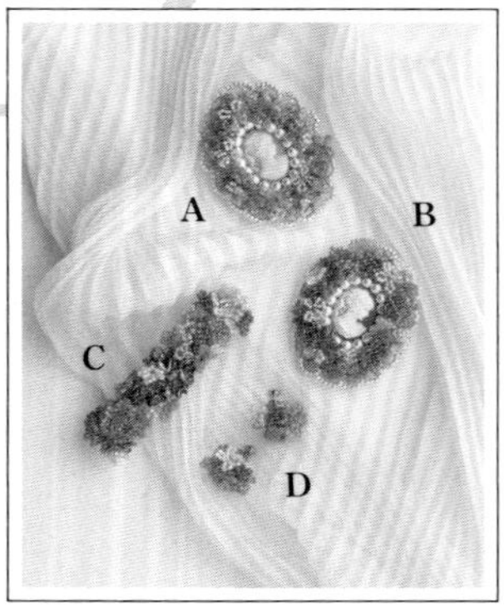

材料はトーホービーズを使用

仕上がり　Aブローチ…5.5×7cm
Bブローチ…5.5×7cm
C髪飾り…2.5×9.5cm
Dイヤリング…2.5×2.5cm

Aの材料　丸小ビーズ／ガラス緑　4／薄水色　263／黄緑　246／クリーム　948／ブルー　953／肌色　955／エンジ　46／濃緑　167／各1パック　つや消し銀パール／α-35　2.5mm　1パック／α-38　5mm　1パック　プラスティックカメオ／α-376　ブルー　1個　ワイヤー／#34　銀　11-34-2　1巻　(シャワー卵形ブローチ／銀　4×6cm　1個)

Bの材料　丸小ビーズ／ガラス緑　4／エンジ虹　406／黄緑　246／クリーム　948／肌色　955／薄紫　960／エンジ　46／濃緑　167／各1パック　つや消し銀パール／α-35　2.5mm　1パック／α-38　5mm　1パック　プラスティックカメオ／α-375　レッド　1個　ワイヤー／#34　銀　11-34-2　1巻　(シャワー卵形ブローチ／銀　4×6cm　1個)

C・Dの材料　丸小ビーズ／ガラス緑　4／薄水色　263／エンジ虹　406／黄緑　246／クリーム　948／ブルー　953／肌色　955／薄紫　960／エンジ　46／濃緑　167／各1パック　シャワーバレッタ／9-19-12　金　1個　シャワーイヤリング／9-12-18　銀　1セット　ワイヤー／#34　金　11-34-1　1巻　(エンゼルパーツ／1個)

(　)はトーホービーズでは扱っていません

A・Bブローチ

❶ 小花を作る

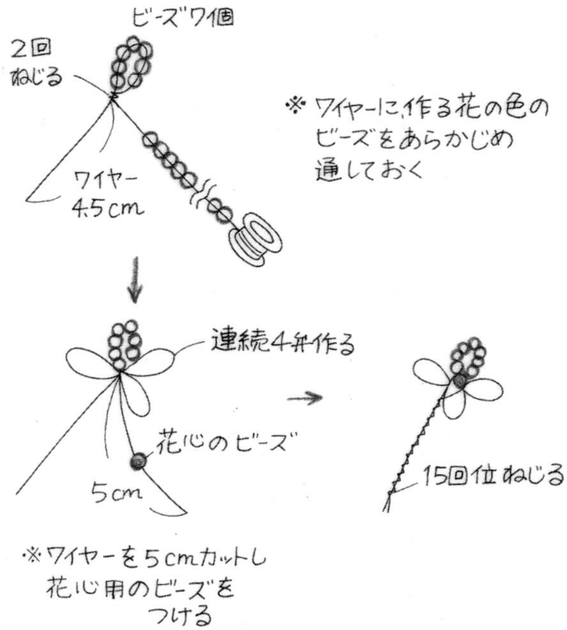

Aブローチの小花の配色

花びら	花心	本数
ガラス緑	エンジ46	6本
薄水色	濃緑167	7本
黄緑	〃	6本
クリーム	〃	5本
ブルー	エンジ46	7本
肌色	濃緑167	5本

Bブローチの小花の配色

花びら	花心	本数
ガラス緑	エンジ46	6本
エンジ虹	濃緑167	7本
黄緑	〃	6本
クリーム	〃	4本
肌色	〃	4本
薄紫	〃	8本

❷

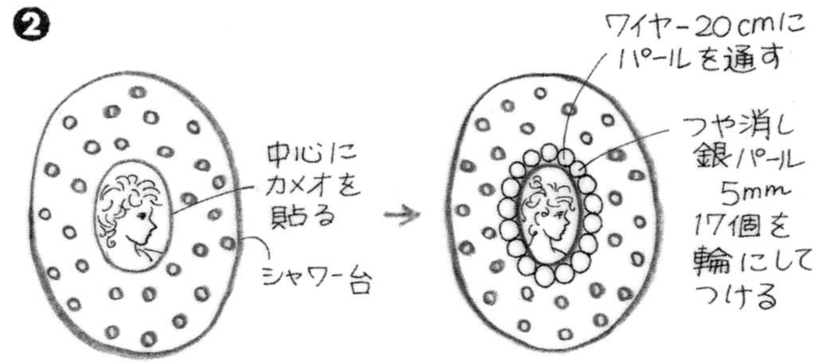

❸ 穴に小花をさして裏側で5～6本ずつまとめてねじる

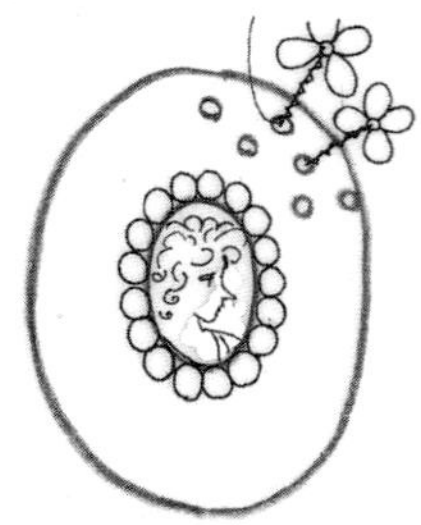

※小花の配色はバランスよく配置する

❹ シャワー台の回りをループでうめる

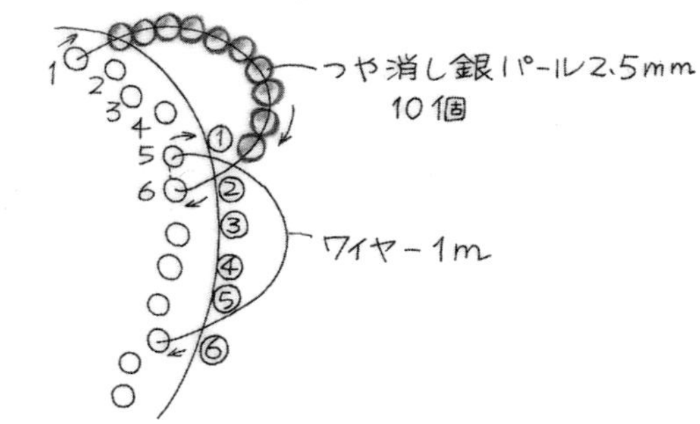

❺ ループを1周したら最初のワイヤーとねじって7mm位にカットして倒す

Dイヤリングの作り方

❶C髪飾りと同じ小花(右ページ)を各色1本ずつ(計8本)を作り、シャワー台にさしてワイヤーを裏側でねじる(2個作る)

❷ ❶のシャワー台をイヤリング台の上にセットして爪を倒す

Dイヤリング

Dできあがり

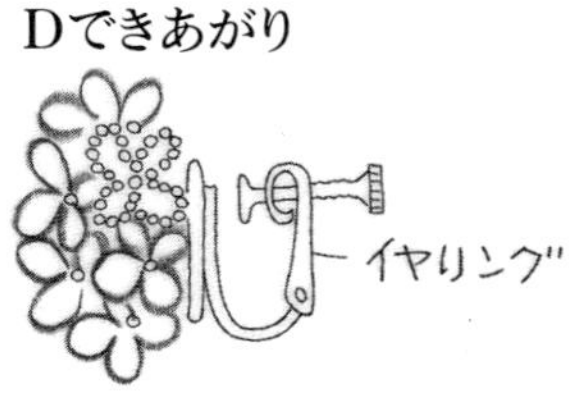

Spring

「春風の香り」

17ページ

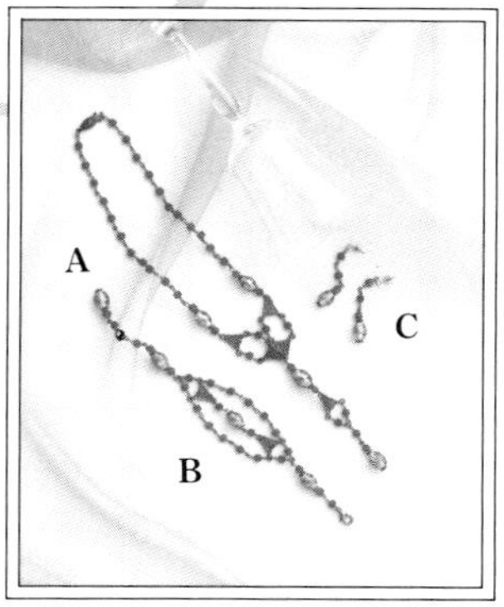

●●●材料はトーホービーズを使用●●●

仕上がり　Aネックレス…44cm
Bブレスレット…19cm
Cピアス…4.5cm

A・B・Cの材料　丸小ビーズ／緑　7　1パック　アラカルトビーズ／ローズ　α-2455　66個　デコラビーズ／金メッシュ　α-5608　10個　ジョイント／α-7246　GF三角　7個／α-7244　GF小花　20個　Tピン／α-514　GF　2.5cm　4本　9の字ピン／α-516　MG　3cm　58本　丸カン／α-532　GF　4個　クラスプセット／α-501　金F／α-504　金F／各1セット　ピアス／α-547　M金　1セット

●ポイント

A・B・Cともに9の字ピンにアラカルトビーズと丸小ビーズを通してつないでいく。Aネックレスと Cピアスの先端はTピンでつなぐ

Aネックレス

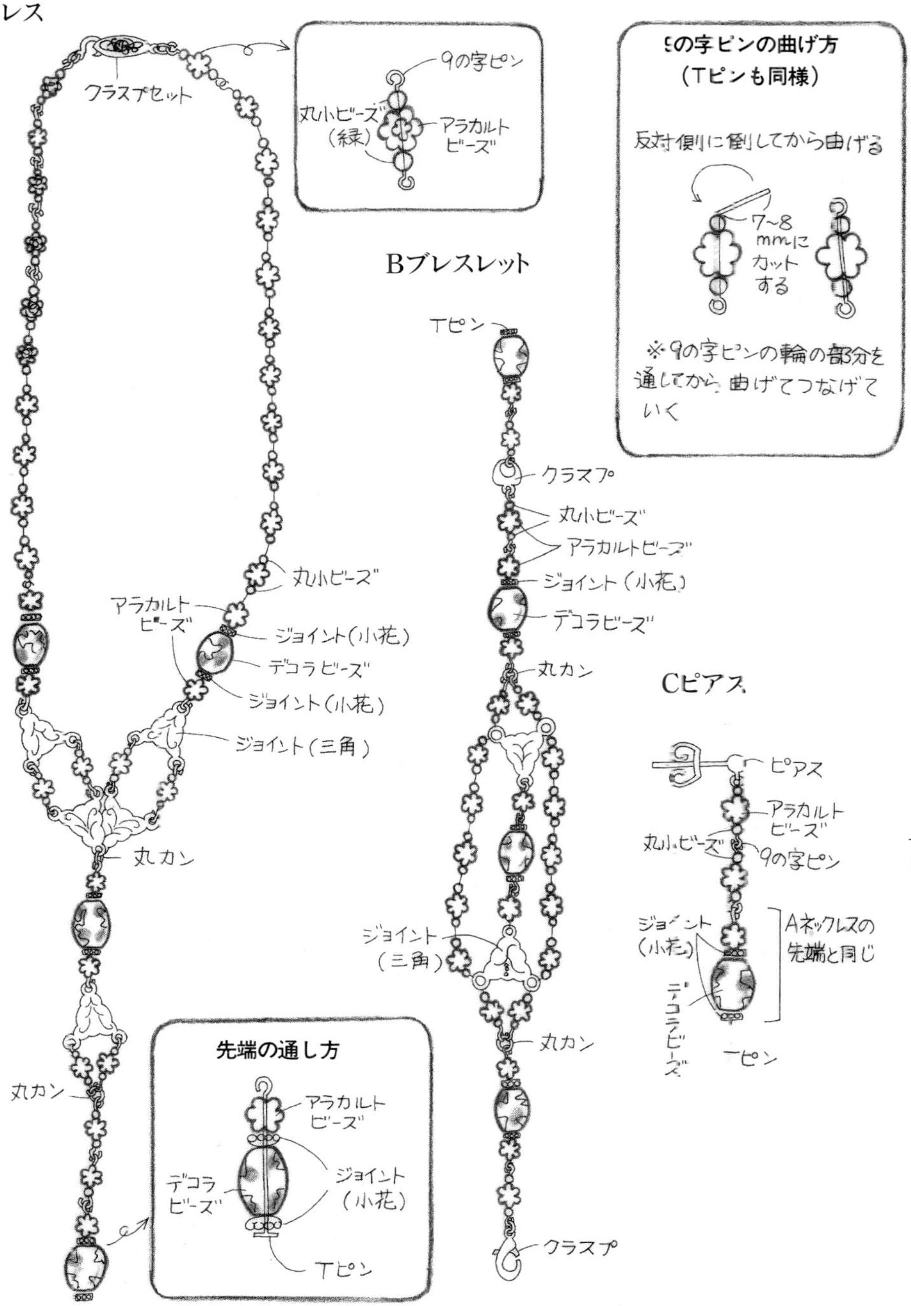

C髪飾り

C髪飾りの小花の配色

花びら	花心	本数
ガラス緑	エンジ46	3本
薄水色	濃緑167	2本
エンジ虹	〃	6本
黄緑	〃	3本
クリーム	〃	4本
ブルー	エンジ46	6本
肌色	濃緑167	4本
薄紫	〃	4本

❶A・Bブローチを参照して左表の小花を作り、パーツ以外の穴にバランスよく配置する。裏側で5～6本ずつまとめてねじる

❷バレッタ台に❶をセットして爪を倒す

Cできあがり

Marguerite

「麗わしのマーガレット」

18ページ

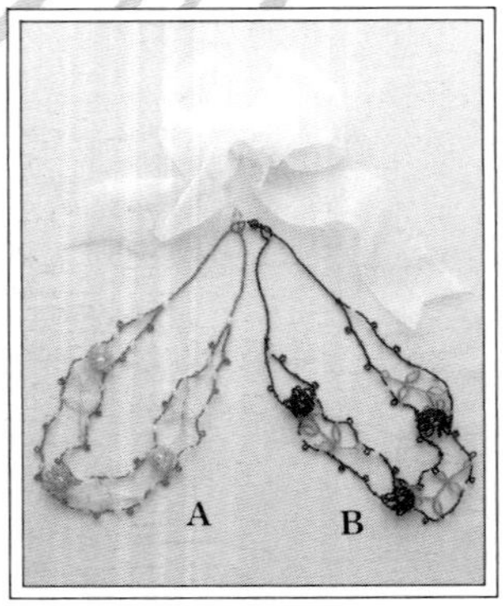

材料はトーホービーズを使用

仕上がり　A・Bネックレス…3×55cm

Aの材料　スリーカットビーズ／クリーム　CR103　1パック／ピンク　CR145　1パック／紫　CR166　1パック／いぶし銀　CR601　2パック　丸小ビーズ／緑虹173　1パック　バロックパール／カルトラα-9　8mm　3個　クリスタルカットビーズ／J-56-2　オーロラ　6mm　22個／J-53-2　オーロラ　8mm　1個　ワイヤー／#34　11-34-1　金　1巻　テグス／2号　6-11-1　1巻

Bの材料　スリーカットビーズ／黒　CR49　3パック／グレー　CR113　1パック　バロックパール／カルトラ　α-9　8mm　3個　クリスタルカットビーズ／J-54-10　黒　4mm　18個／J-56-1　クリスタル　6mm　6個／J-56-10　黒　6mm　3個／J-53-10　黒　8mm　1個　ワイヤー／#34　11-34-1　金　1巻　テグス／2号　6-11-1　1巻

●ポイント

A・Bネックレスとも、マーガレット（67ページ）を3本作って、ワイヤーにビーズを通しながらつけていく

Aネックレス

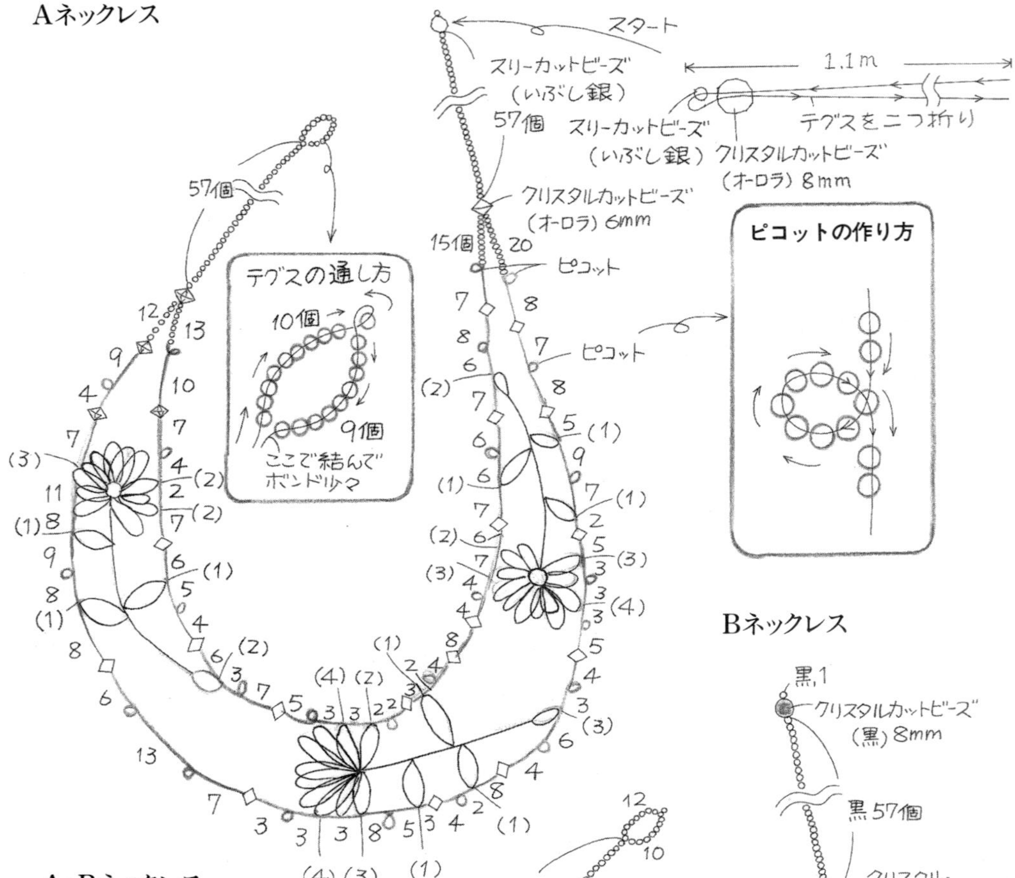

A・Bネックレス

※図中の数字はスリーカットビーズ、Aはいぶし銀、Bは黒の数

※（　）の中の数字は、テグスに通すマーガレットのビーズの数

※クリスタルカットビーズの色、大きさの違いの配置は全体のバランスをみながら決めていく

Bネックレス

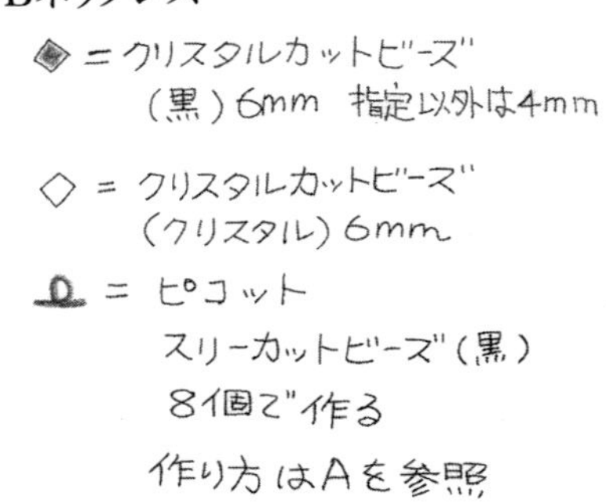

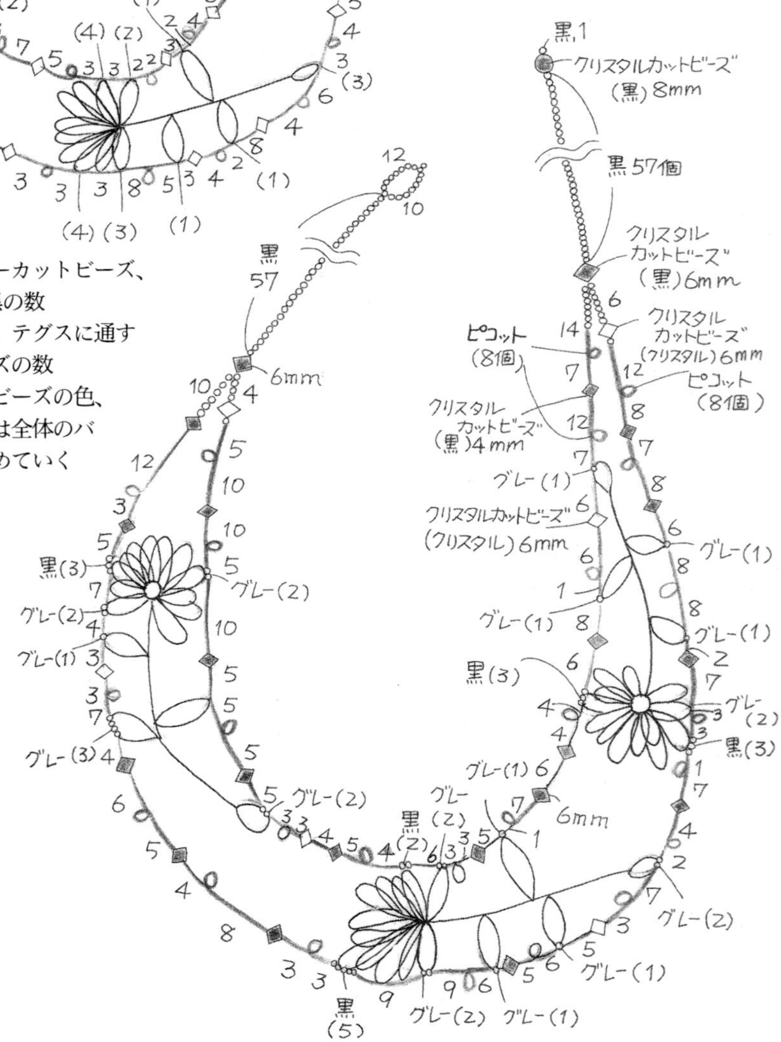

Medusa

「海の贈物」

20ページ

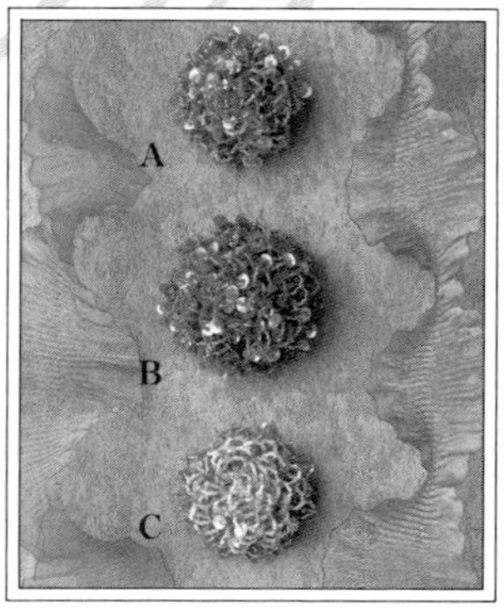

●●●●●●材料はトーホービーズを使用●●●●●●

仕上がり　Aブローチ…6×6cm
Bブローチ…7×7cm
Cブローチ…6×6cm

Aの材料　ティビービーズ／紫系　6　177　201　205　328　741　327（外回り用）／各1パック　スパンコール亀甲　6mm／虹オイル　908　2パック／ピンク909　1パック　シャワーブローチ／大　9-20-3　銀　1個　テグス／2号　6-11-1　4.5m

Bの材料　ティビービーズ／ブルー系　7EDF　7BD　27BD　167BD／グリーン系　118　179／茶　423（外回り用）／各1パック　スパンコール亀甲　6mm／虹オイル　908　3パック　シャワーブローチ／大 9-20-3　銀　1個　テグス／2号　6-11-1　6m

Cの材料　ティビービーズ／ベージュ系　2 2F　948　949／茶系　114（外回り用）／各1パック　スパンコール亀甲　6mm／虹オイル　908　2パック　シャワーブローチ／大　9-20-3　銀　1個　テグス／2号　6-11-1　4.5m

●ポイント
Aブローチは外回りを紫系（327）で
Bブローチは外回りを茶（423）で
Cブローチは外回りを茶系（114）で
それ以外のループは各色にスパンコールを通して順にうめていく
外回りの穴はランダムな穴なので、だいたいの所でさしていく。テグス糸は使いやすい長さで通したり、なくなったらシャワー台の裏側で結び、ボンド少々をつけてつなぐ

Bブローチ

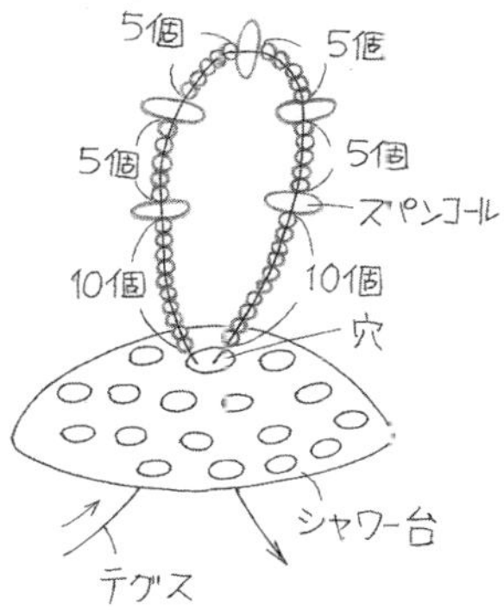

A・Cブローチ

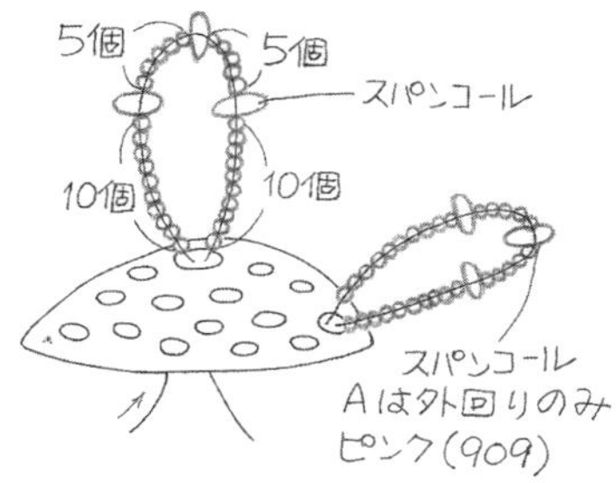

A・B・Cできあがり

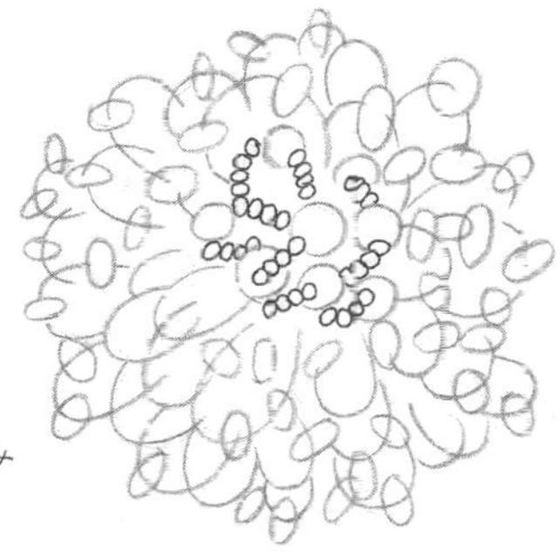

Aのマーガレットの作り方

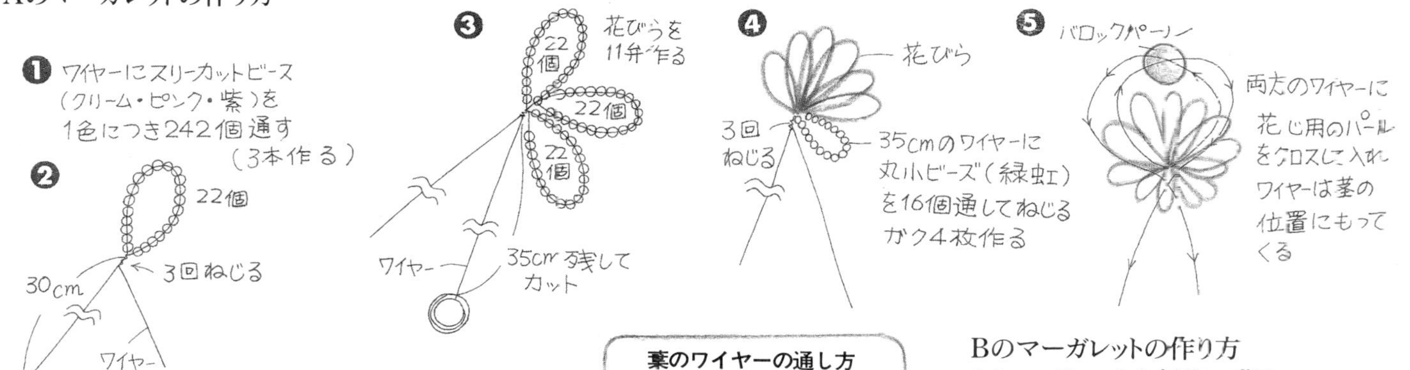

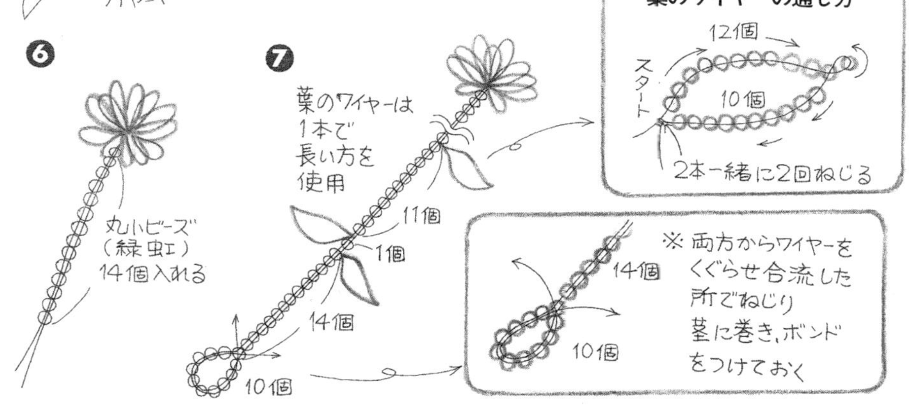

Bのマーガレットの作り方

Aのマーガレットを参照して作る

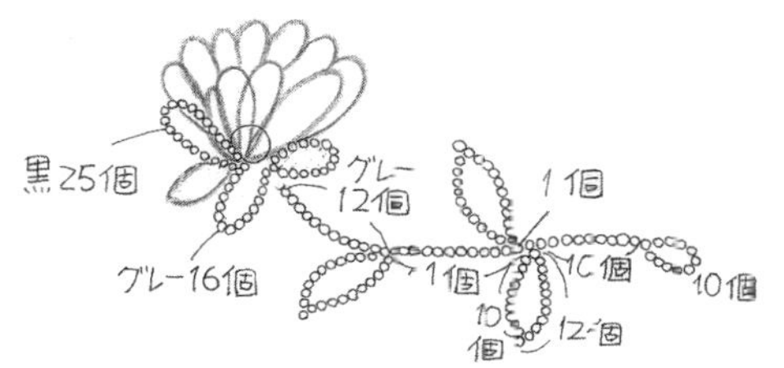

Marguerite

「麗わしのマーガレット」

19ページ

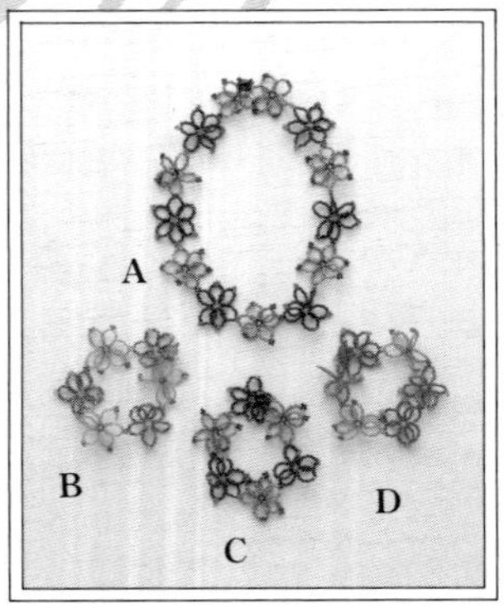

●●●**材料はトーホービーズを使用**●●●

仕上がり　Aネックレス…43cm
　B・C・Dブレスレット…19cm

Aの材料　スリーカットビーズ／黒　CR49／いぶし銀　CR601／各2パック　アクリルビーズカット玉／黒　α-353　8mm　1個　テグス／2号　6-11-1　1巻

Bの材料　丸小ビーズ／トルコブルー　264　1パック　スリーカットビーズ／メタリック茶　CR221　1パック　アクリルビーズカット玉／ブルー　α-267　8mm　1個　テグス／2号　6-11-1　1巻

Cの材料　スリーカットビーズ／黒　CR49／いぶし銀　CR601／各1パック　アクリルビーズカット玉／黒　α-353　8mm　1個　テグス／2号　6-11-1　1巻

Dの材料　丸小ビーズ／エンジ虹　406／薄紫　960／各1パック　スリーカットビーズ／濃赤　CR400　1パック　アクリルビーズカット玉／赤　α-268　8mm　1個　テグス／2号　6-11-1　1巻

●ポイント

ブレスレットの作り方は全て同じで配色が変わる。Bはトルコブルーと金茶、Cはいぶし銀と黒、Dはエンジ虹、薄紫、濃赤で作る

Aネックレス

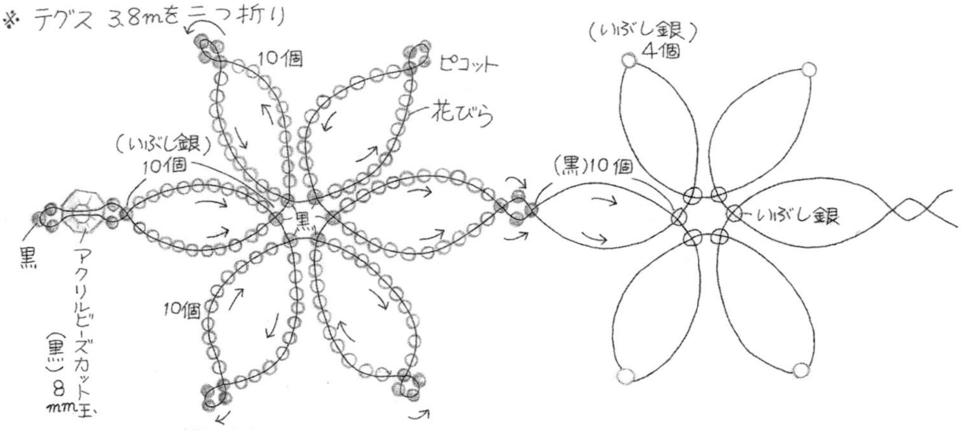

※花パターンを黒といぶし銀の配色を交互に13パターン作る

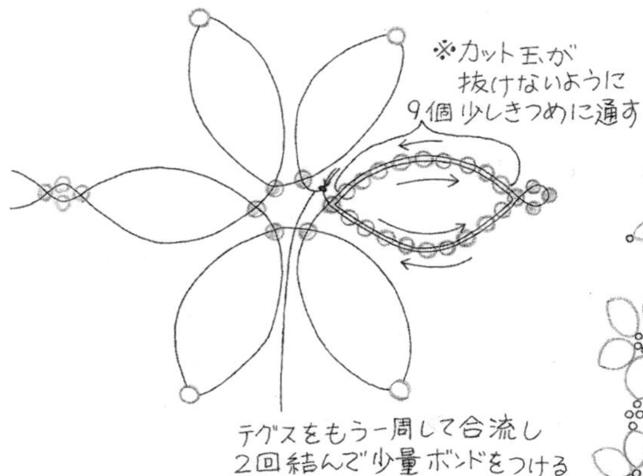

Aできあがり

B・C・Dブレスレット

※テグス1.8mを二つ折りにする
B、Cは配色を交互に花モチーフを作る

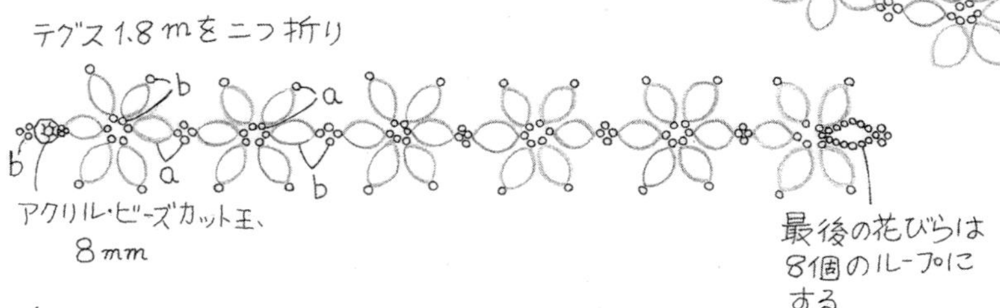

〔Bブレスレットの配色〕
a＝トルコブルー
b＝メタリック茶

〔Cブレスレットの配色〕
a＝いぶし銀
b＝黒

〔Dブレスレットの配色〕

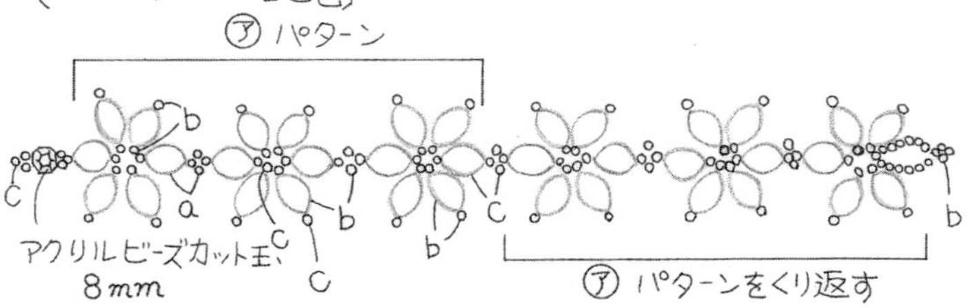

〔Dブレスレットの配色〕
a＝エンジ虹
b＝薄紫
c＝濃赤

Medusa

「海の贈物」

21ページ

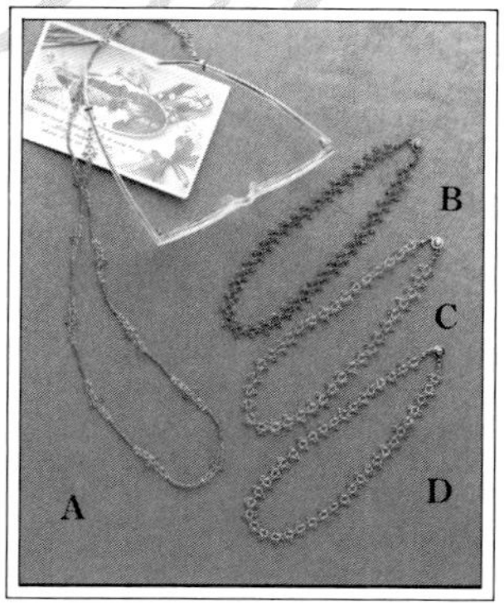

材料はトーホービーズを使用

仕上がり　Aグラスコード…78cm
B・C・Dネックレス…39cm

Aの材料　丸小ビーズ／ガラスピンク11 エンジ虹 406／各1パック　ダルマチップ／9-4-1 銀 2個　グラスコード用止め金具／黒銀 α-557 1セット　テグス／2号 6-11-1 1巻

Bの材料　丸小ビーズ／エンジ 46 1パック　スリーカットビーズ／いぶし銀 CR601 1パック　クラスプセット／α-503 銀F 1パック　テグス／2号 6-11-1 1巻

Cの材料　丸小ビーズ／銀 21 1パック　スリーカットビーズ／いぶし銀 CR601 1パック　クラスプセット／α-503 銀F 1パック　テグス／2号 6-11-1 1巻

Dの材料　丸小ビーズ／黄緑 246 1パック　スリーカットビーズ／いぶし銀 CR601 1パック　クラスプセット／α-503 銀F 1パック　テグス／2号 6-11-1 1巻

●ポイント
B・C・Dのネックレスは配色違いで作り方は全て同じ

Aグラスコード

❶
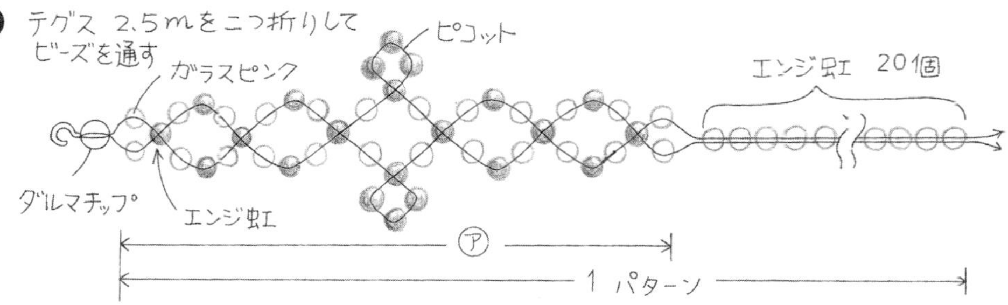

❷
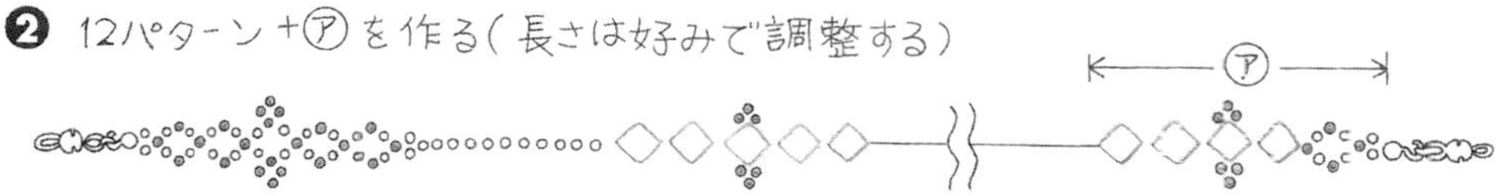

❸
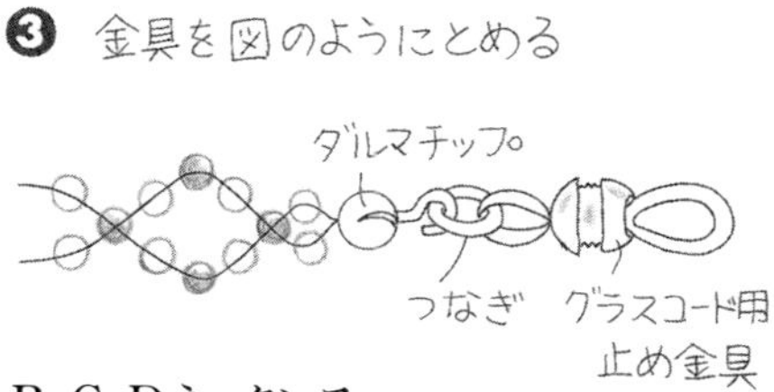

B・C・Dネックレス

❶
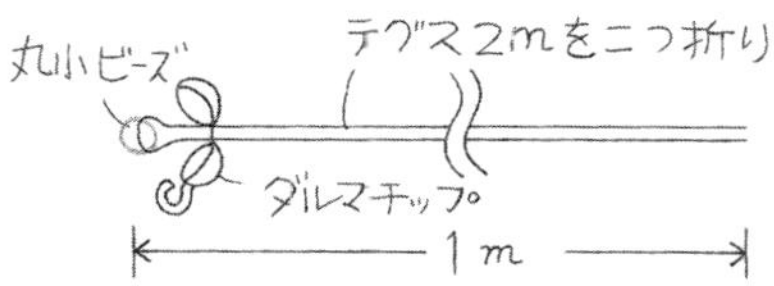

❷
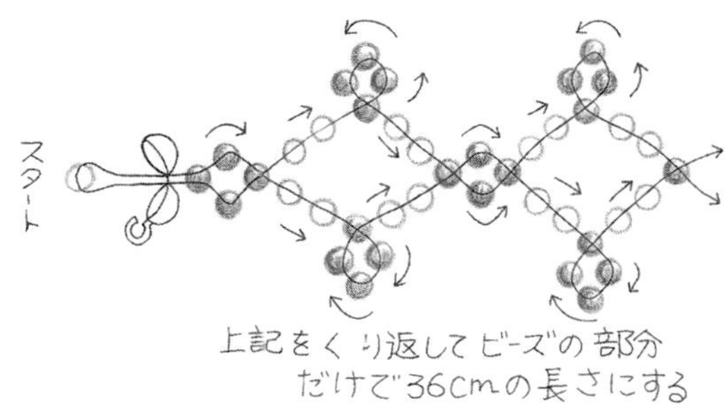

B・C・Dのビーズの配色

	B	C	D
●	いぶし銀	いぶし銀	いぶし銀
○	エンジ	銀	黄緑

❸
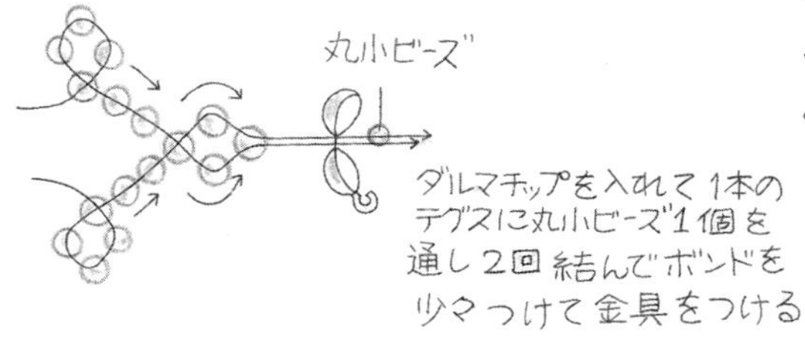

B・C・Dのテグスの通し方

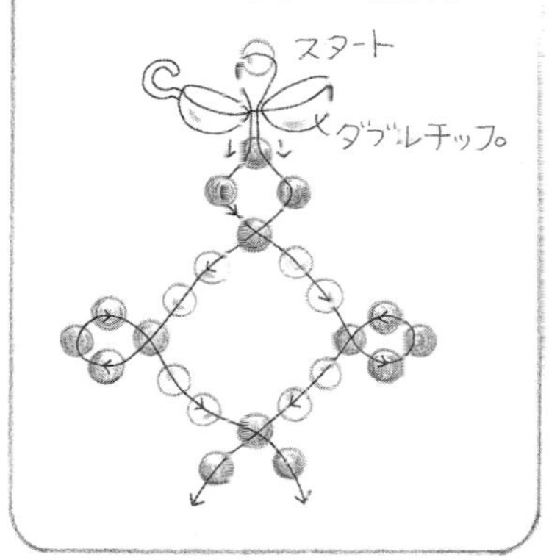

B・C・Dできあがり

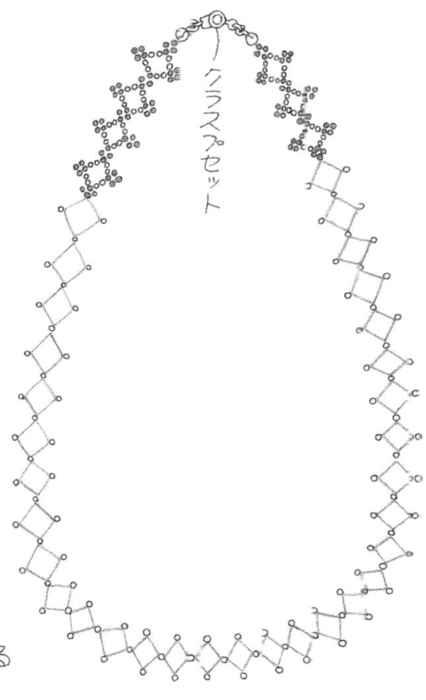

Treasure

「天使の宝物」

22ページ

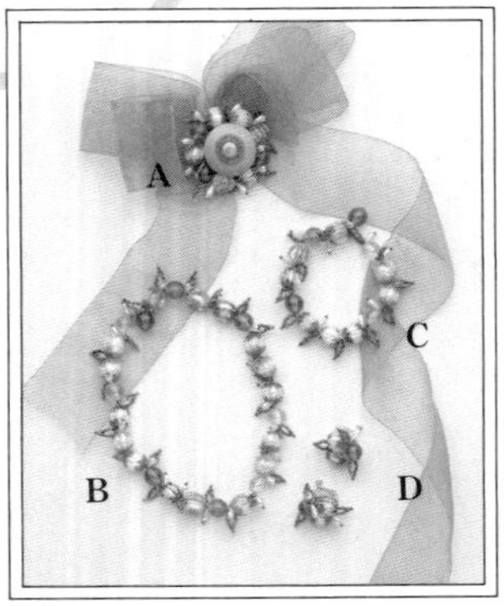

●●●**材料はトーホービーズを使用**●●●

仕上がり A…5×5cm B…39cm
C…21cm D…4×4cm

A・Cの材料 スリーカットビーズ／オフオレンジ CR103／紫パール CR114／メタリック茶 CR221／茶金 CR421／金虹 CR722／各1パック ティビービーズ／メタリックグレー TB602 1パック アクリルビーズ丸玉／ピンク α-202 12mm 4個／薄紫 α-203 12mm 6個 バロックパール／カルトラ α-10 10mm 12個 ツユパール／200 4×8mm 22個／シャワーブローチ／30mm 9-20-4 金 1個 テグス／2号 6-11-1 1巻 （アンティークボタン／1個）

B・Dの材料 スリーカットビーズ／オフオレンジ CR103／紫パール CR114／茶金 CR421／金虹 CR722／各1パック／メタリック茶 CR221 2パック ティビービーズ／メタリックグレー TB602 1パック アクリルビーズ丸玉／ピンク α-202 12mm 6個／薄紫 α-203 12mm 7個 バロックパール／カルトラ α-10 10mm 18個 ツユパール／200 4×8mm 31個 シャワーイヤリング／9-12-18 金 1セット テグス／2号 6-11-1 1巻

( )はトーホービーズでは扱っていません

A・B・C・D ビーズの記号

記号	種類	色
a	スリーカットビーズ	オフオレンジ
b	〃	紫パール
c	〃	メタリック茶
d	〃	茶金
e	〃	金虹
f	ティビービーズ	メタリックグレー

Bネックレス

❶ テグスは1個分30cmでビーズ巻きを作る

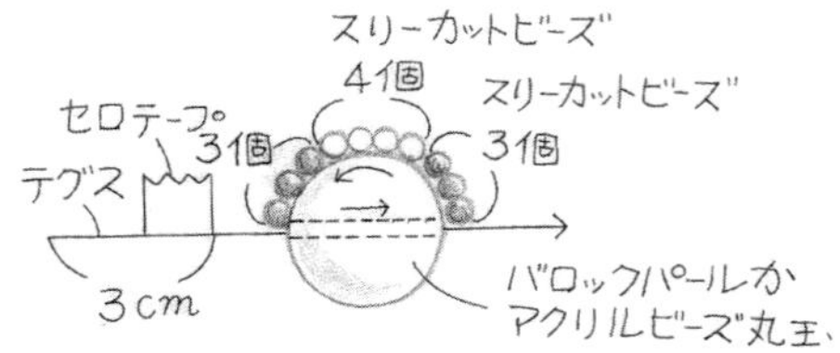

スリーカットビーズは
両サイドが3個
中央が4個で
8回巻いてビーズの中を
くぐらせてスタートの糸と
2回結ぶ(ボンド少々)

❷ ビーズ巻き玉を下図の配色で作る

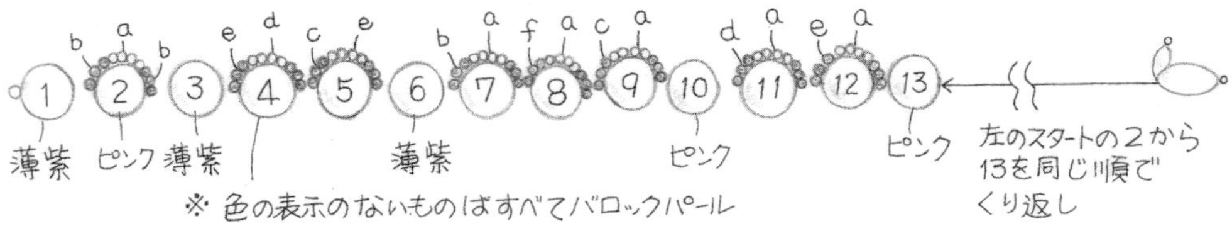

※ 色の表示のないものはすべてバロックパール

❸ ❷をリーフを作りながらつなぐ
テグス3mを二つ折り

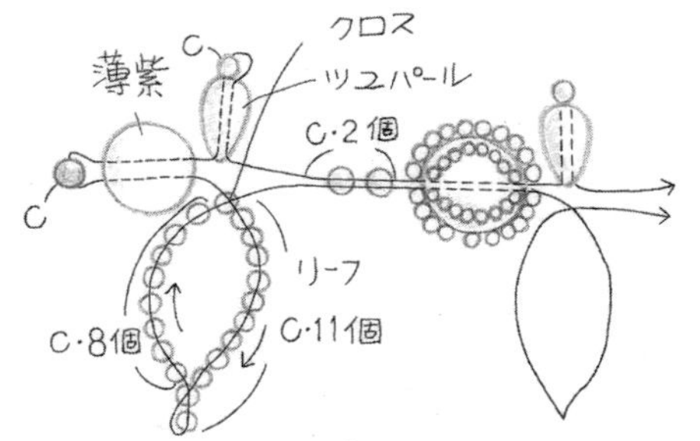

(全部で25玉分)

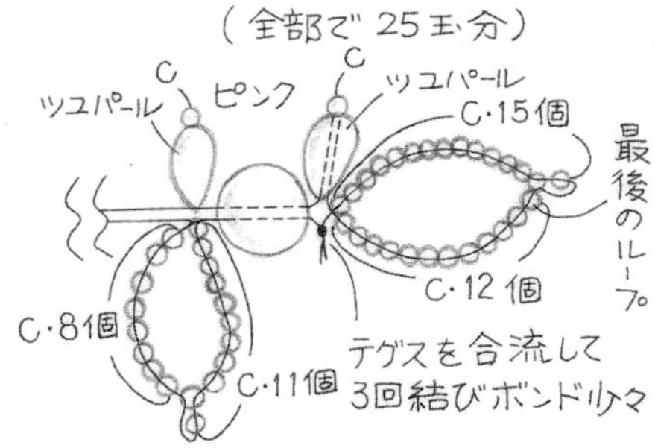

Bできあがり

Cブレスレット

Bネックレスの❶～❸と同様に
13玉つなげる
ビーズの
配置も
同じ

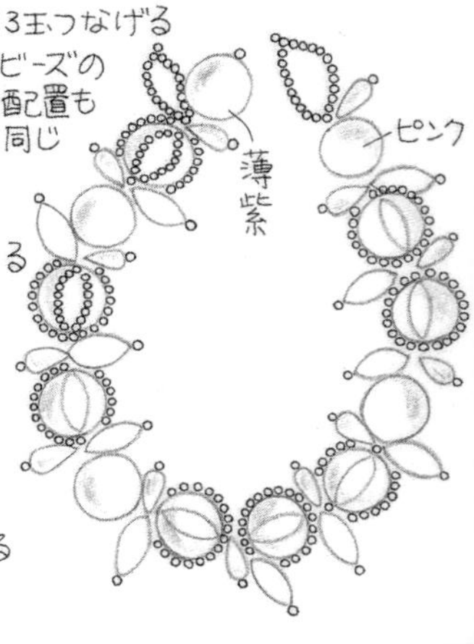

Dイヤリング

❶

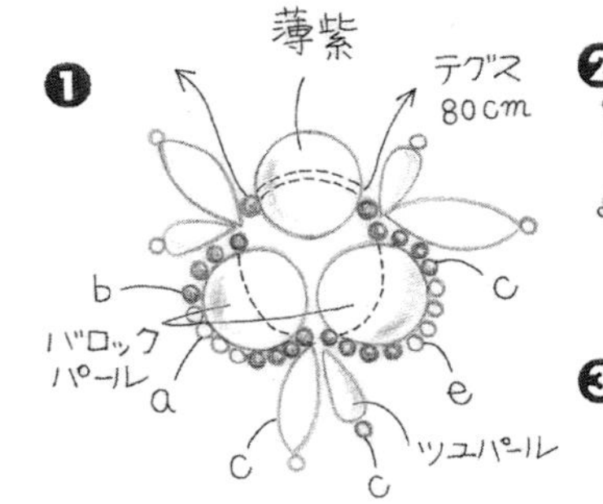

ビーズを巻いた玉3個を
ツユパールとリーフをつけながらつなぎ
(Bネックレス参照)輪にする

❷

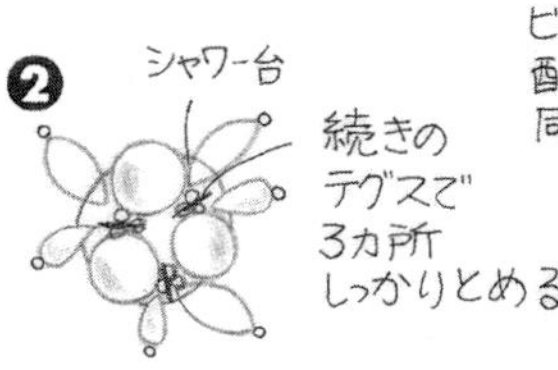

❸

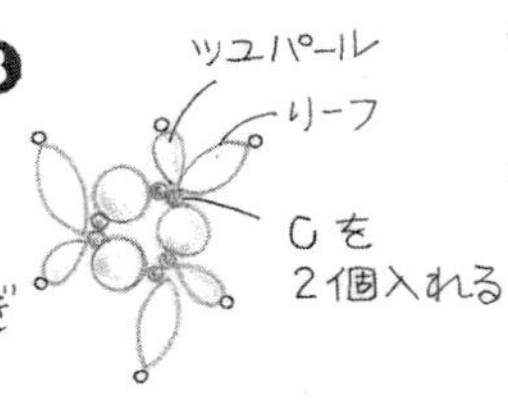

Treasure

「天使の宝物」

23ページ

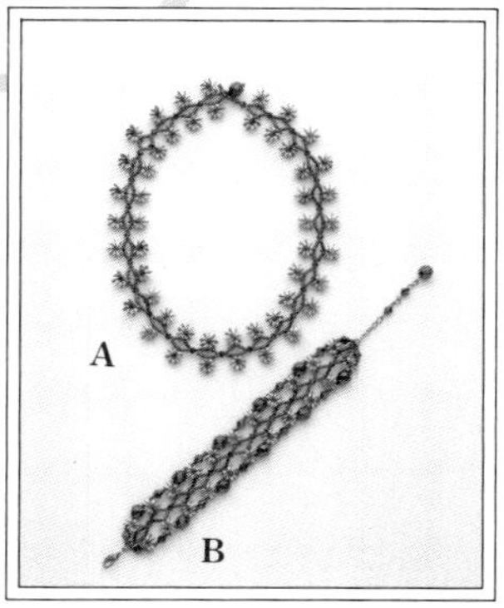

材料はトーホービーズを使用

仕上がり　Aネックレス…2.3×41cm
Bブレスレット…2.8×24cm

Aの材料　スリーカットビーズ／黒　CR49　1パック　バラビーズ／アイボリー　51　2パック　スパンコール亀甲　5mm／黒　510　2パック　竹ビーズ　2分竹／黒49 1パック　クリスタルカットビーズ／黒 J-53-10　8mm　1個／黒J-54-10　4mm　26個　テグス／2号　6-11-1　1巻

Bの材料　スリーカットビーズ／黒　CR49　1パック　バラビーズ／アイボリー 51　1パック　スパンコール亀甲　5mm／黒510 1パック　竹ビーズ　2分竹／黒 49　1パック　クリスタルカットビーズ／黒 J-53-10　8mm 11個／黒 J-56-10　6mm 16個／黒 J-54-10　4mm 12個　クラスプセット／α-501　金F　1セット　テグス／2号　6-11-1　1巻　9の字ピン／α-516　M金　2本　Tピン／α-514　M金　1本　（黒チェーン／適量）

（　）はトーホービーズでは扱っていません

Aネックレス

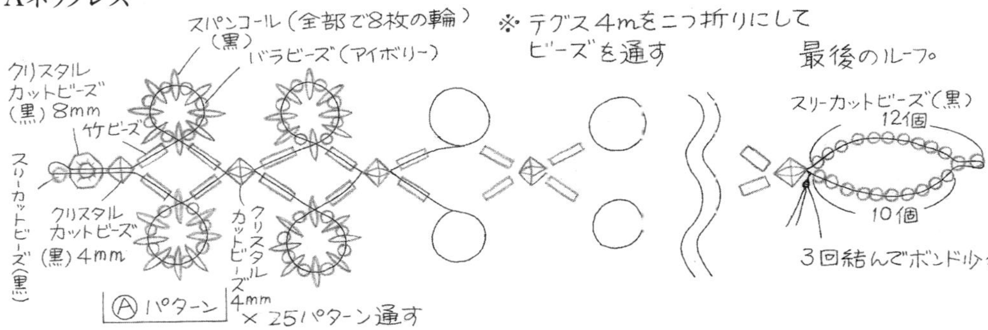

Aできあがり

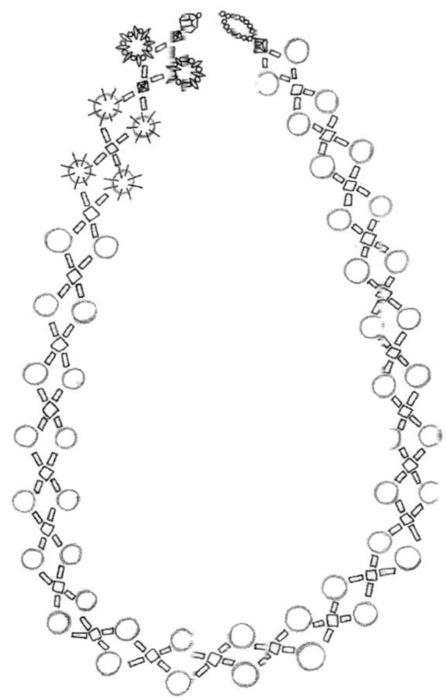

Bブレスレット

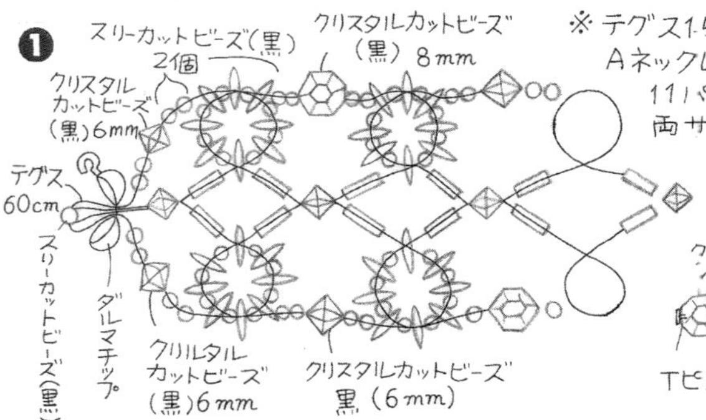

※テグス1.5mを二つ折りにしAネックレスのⒶパターンを11パターン通し、テグス60cmで両サイドにビーズを左図の様に通す（クリスタル6mmと8mmは交互に配列）

※9の字ピンのつなぎ方は65ページ参照

Aブローチ

❶ シャワー台にボタンをつける

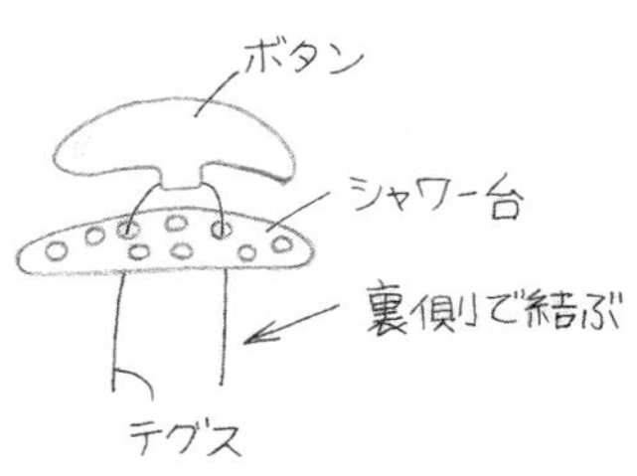

❷ ビーズ巻き玉を作る（Bネックレス参照）

※2・4・5・7・8・9の玉はネックレスの番号と同じビーズを巻きつけて作る

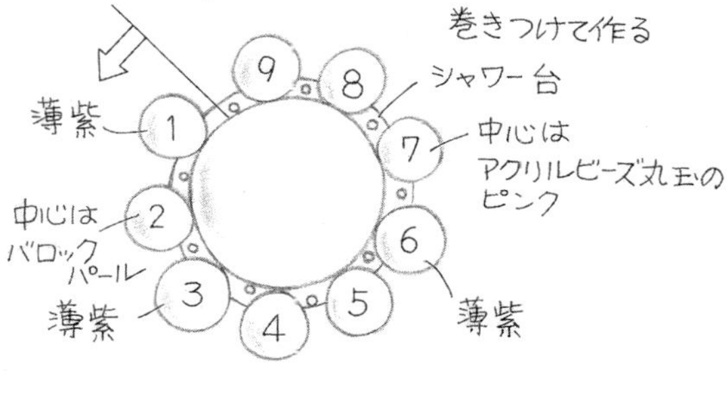

❸ ❷を輪にしてボタンの回りにとめる

Aできあがり

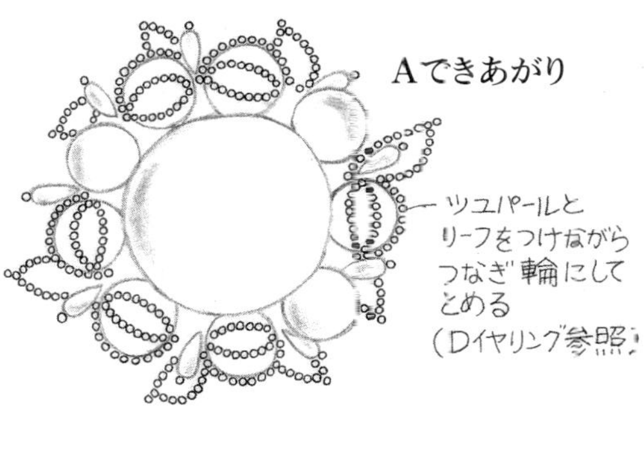

Countess

「舞踏会」

24ページ

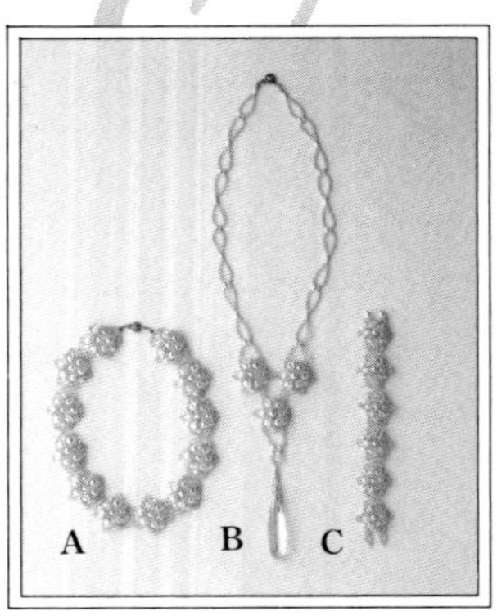

●●●材料はトーホービーズを使用●●●

仕上がり　Aネックレス…3.5×48cm
Bネックレス…57cm
Cブレスレット…3×19cm

Aの材料　丸小ビーズ／つや消し金22F　2パック　丸大ビーズ／つや消し金22F　1パック　つや消し銀パール／α-34　2mm　659個／α-39　6mm　84個／α-41　8mm　72個　クラスプセット／α-503　金F　1組　テグス／2号　6-11-1　2巻

Bの材料　丸小ビーズ／つや消し金22F　2パック　丸大ビーズ／つや消し金22F　1パック　つや消し銀パール／α-34　2mm　168個／α-36　3mm　40個／α-38　5mm　4個／α-39　6mm　21個／α-41　8mm　18個／α-43　ナツメ　3×6mm　10個　クラスプセット／α-503　銀F　1セット　テグス／2号　6-11-1　1巻　(アンティーク金具つきパーツ／1個)

Cの材料　丸小ビーズ／つや消し金22F　1パック　丸大ビーズ／つや消し金22F　1パック　つや消し銀パール／α-34　2mm　257個／α-38　5mm　42個／α-39　6mm　38個　テグス／2号　6-11-1　1巻

(　)はトーホービーズでは扱っていません

Aネックレスの作り方

❶テグス90cm(モチーフ1個分)で六角モチーフを作る

❷ ❶の続きのテグスで中心の輪の銀パールの間に丸大ビーズを1個ずつ入れてうめていく

❸ ❷の続きのテグスをビーズ、パールの中を通して飾り通しをする。位置を移動して8mmパールに飾り通しをし、続きのテグスで中心に6mmパールをつける

Aネックレス

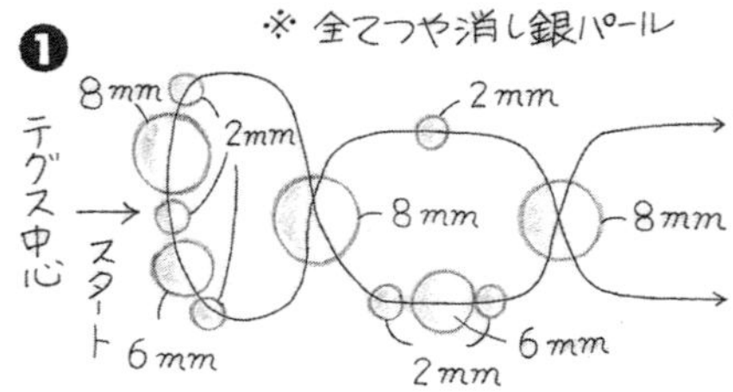

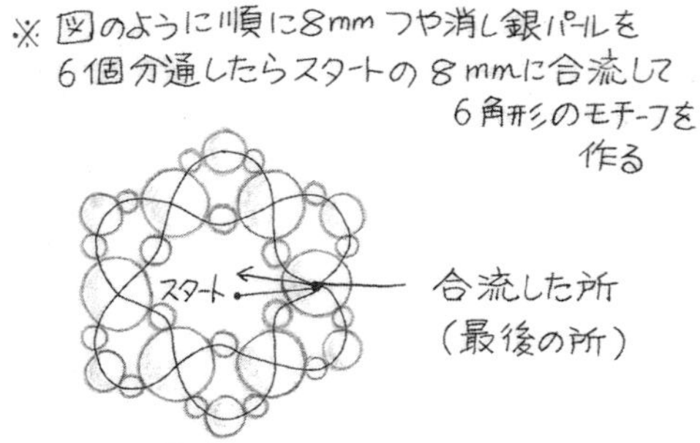

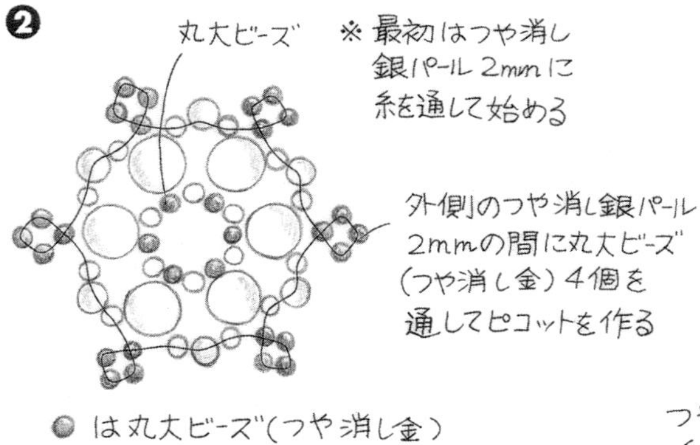

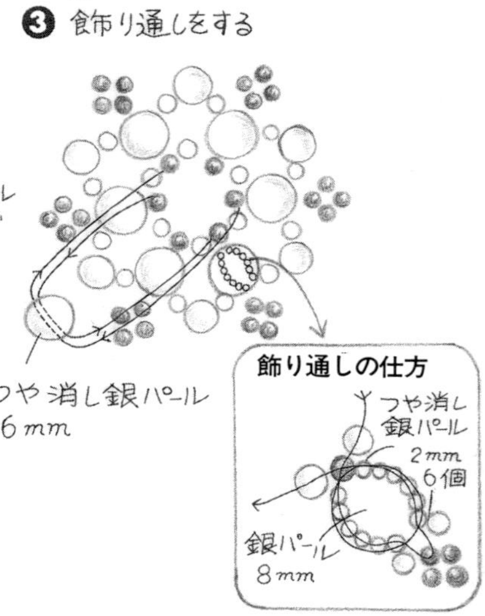

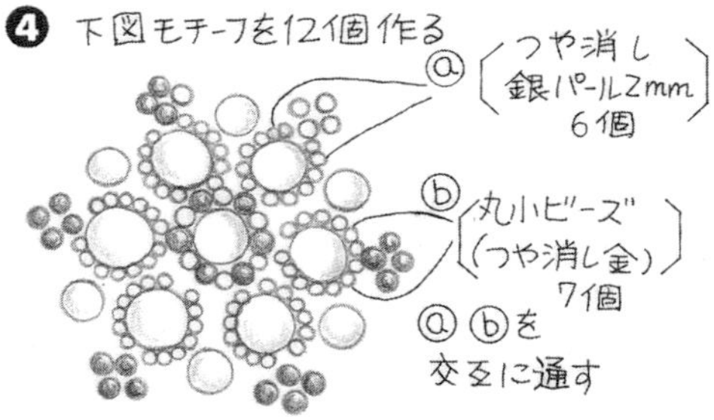

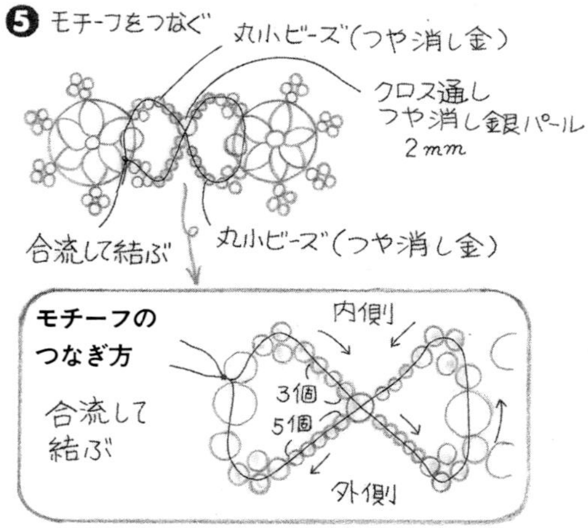

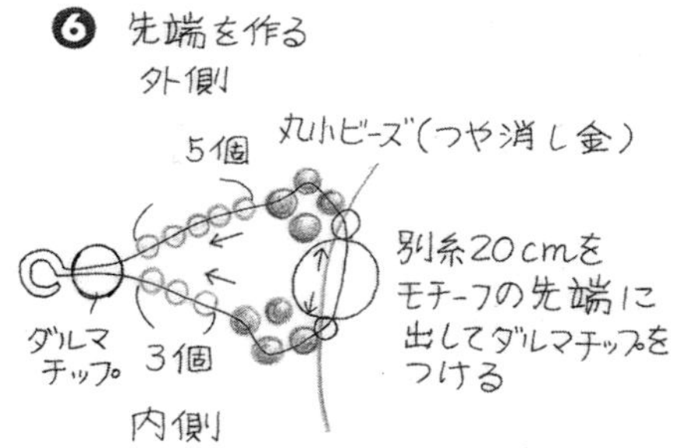

❹モチーフを12個作る

❺丸小ビーズを内側に3個、外側に5個通し、つや消し銀パール2mmでクロスする。さらに丸小ビーズモチーフを内側に3個、外側に5個通して、12個つなぐ

❻先端のループを作り、クラスプセットをつける

Aできあがり

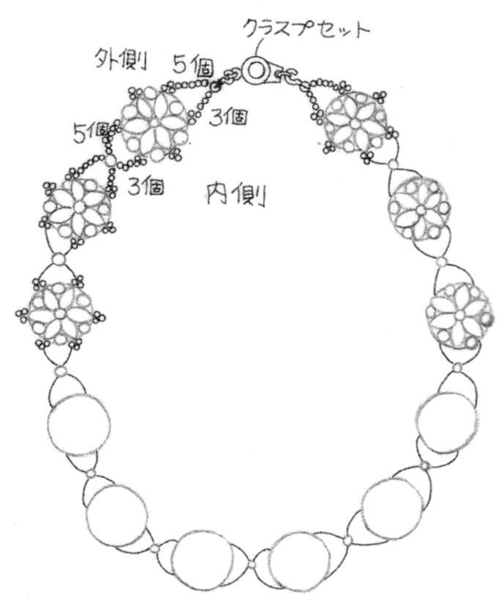

Bネックレス

❶ Aネックレスと同じモチーフを3個作る

❷ 3個のモチーフをつなぐ

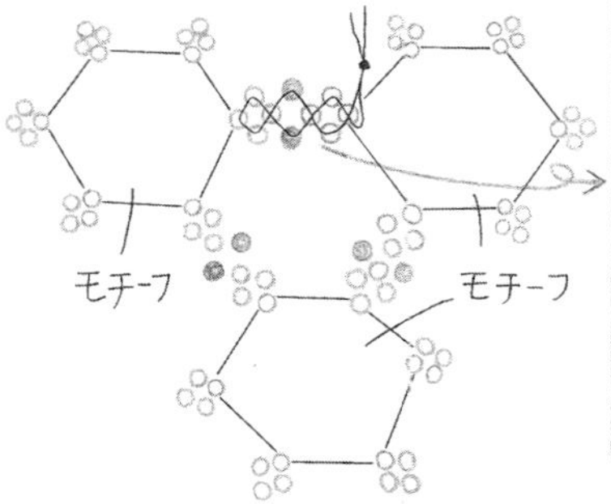

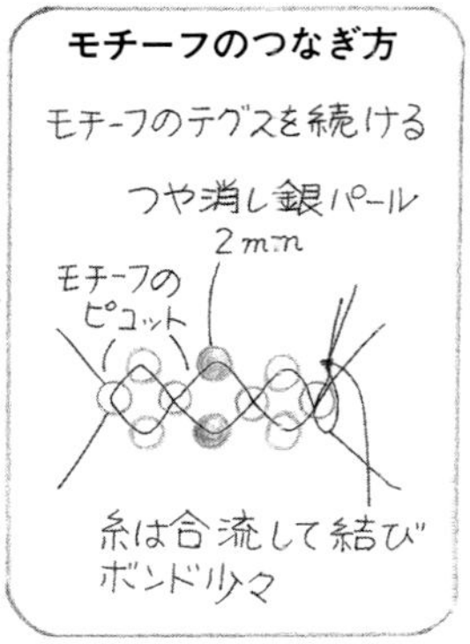

❸ 上の部分をつける

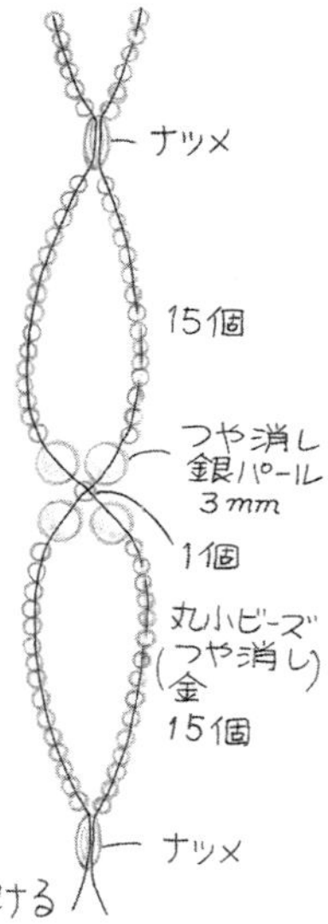

❹ 下の部分をつける

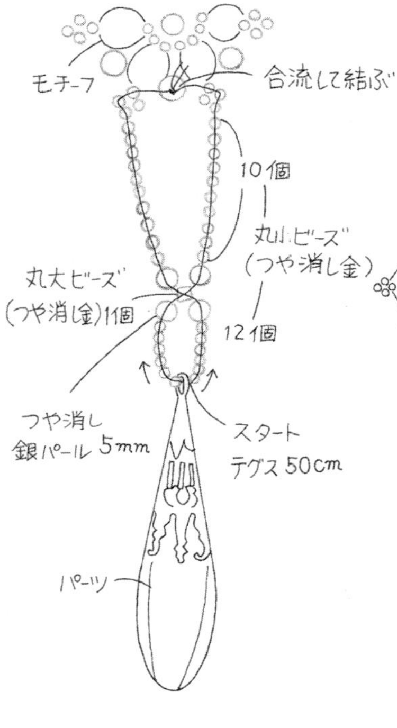

Bできあがり

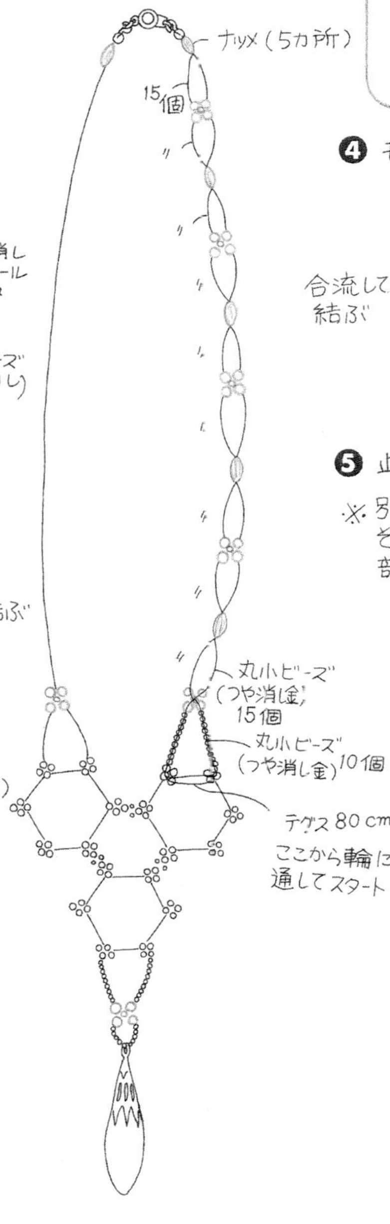

Cブレスレット

❶ テグス75cm(モチーフ1個分)で
モチーフを作る

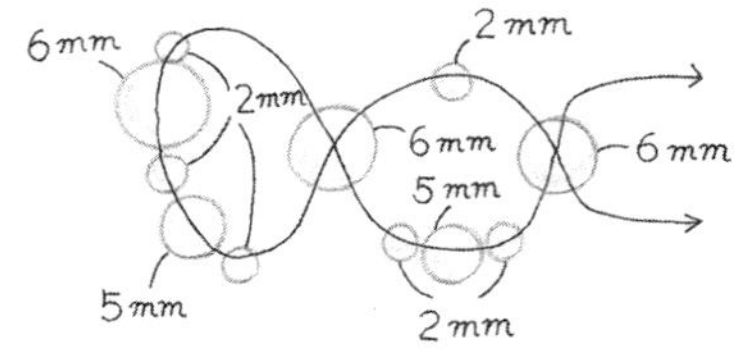

❷ Aネックレス(72ページ)
の②と同様に作る

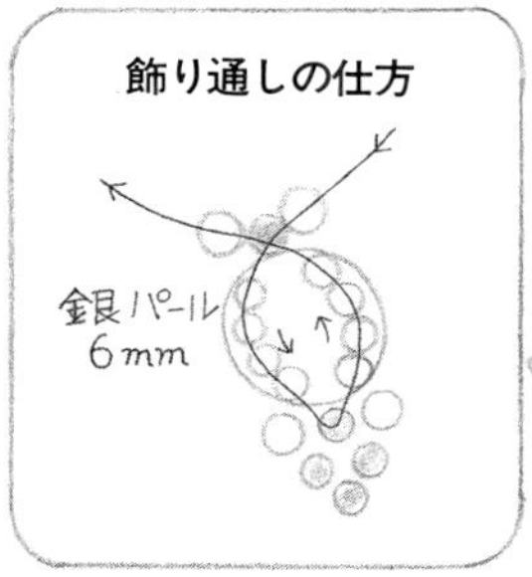

❸ 6モチーフ作る

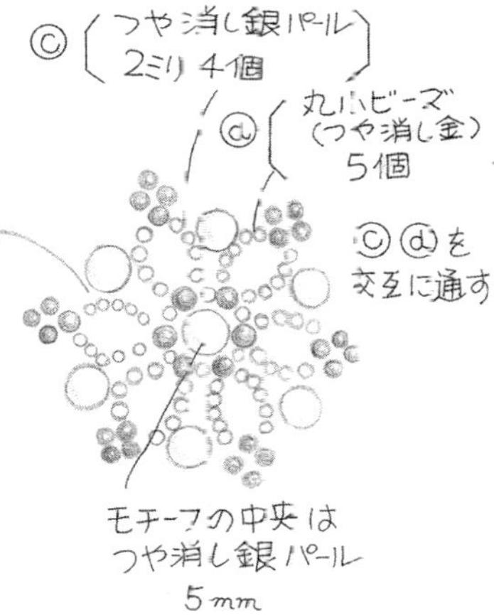

❹ モチーフをつなぐ

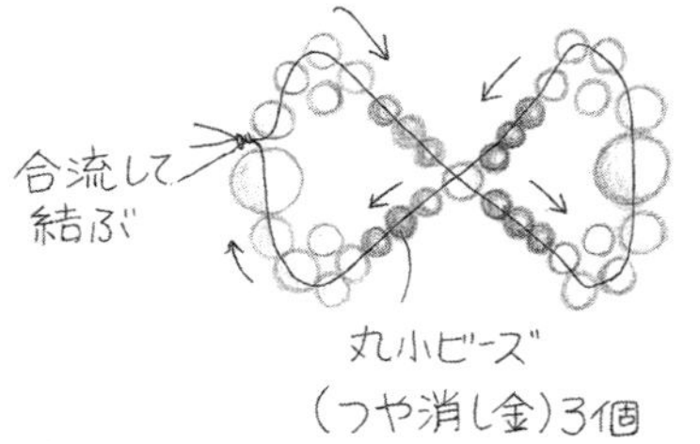

❺ 止めの部分を作る

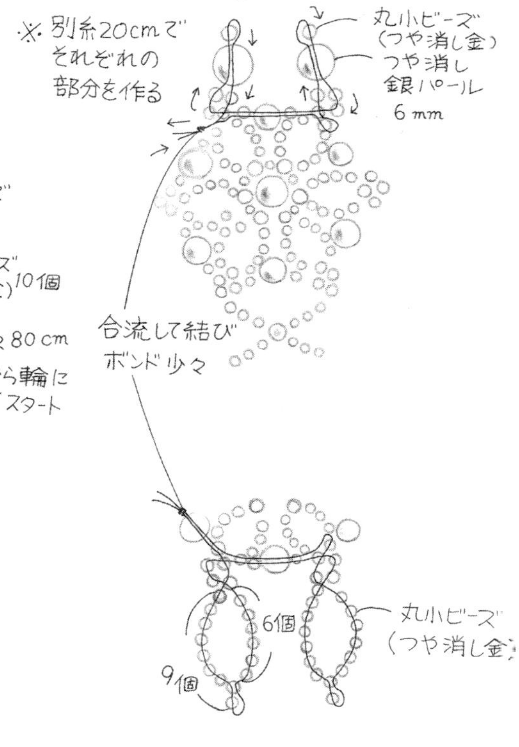

Cできあがり

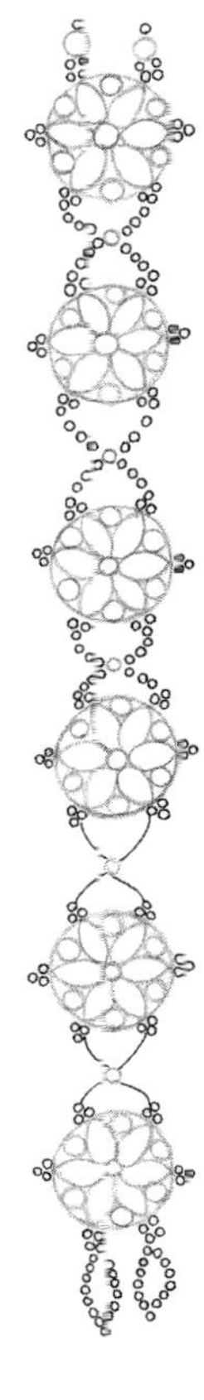

Countess

「舞踏会」

25ページ

●●●材料はトーホービーズを使用●●●

仕上がり　Aラリエット…85cm
Bブローチ…　6×12cm
Cピアス…6.5cm

A・Cの材料　スリーカットビーズ／緑 CR167　2パック／いぶし銀 CR601 3パック　アクリルビーズカット玉／緑 α-265　4mm　18個／緑　α-265　6mm 8個　ツイストビーズ／ブロンズ緑　9 mm　707　1パック　ダルマチップ／α-535　銀F　2個　ピアスキャッチ式／α-547　M銀　1セット　テグス／2号　6-11-1　1巻　ワイヤー／#31　11-31-2 銀　1巻

Bの材料　スリーカットビーズ／緑 CR167　1パック／いぶし銀　CR601 1パック　アクリルビーズカット玉／緑 α-265　4mm　6個／緑　α-265　6mm 3個　ツイストビーズ／ブロンズ　緑　9 mm　707　1パック　ダルマチップ／α-535　銀F　1個　テグス／2号　6-11-1 1巻　ワイヤー／#31　11-31-2　銀　1 巻　(バラブローチピン／1個)

(　)はトーホービーズでは扱っていません

ビーズの記号

記号	種類	色・大きさ
a	スリーカットビーズ	緑
b	〃	いぶし銀
c	アクリルビーズカット玉	緑 4mm
d	〃	緑 6mm
e	ツイストビーズ	ブロンズ緑

Aラリエット

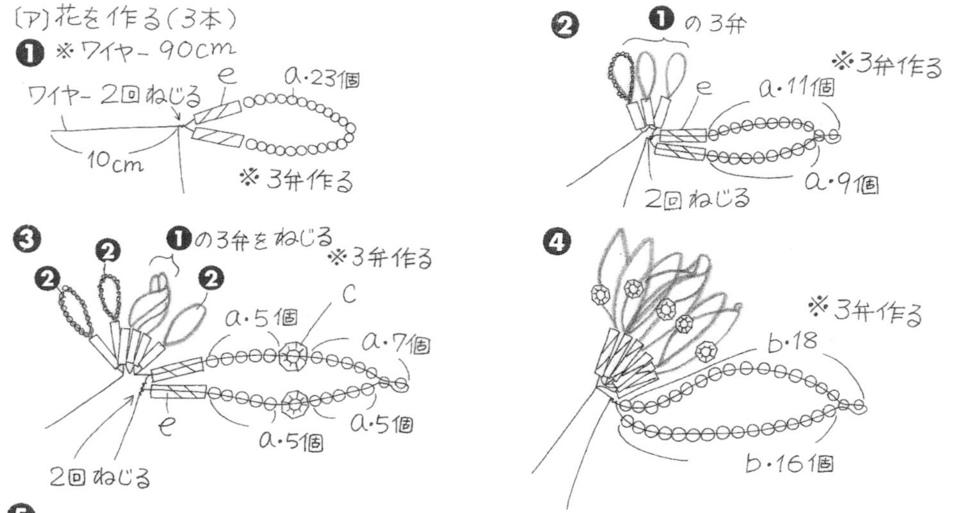

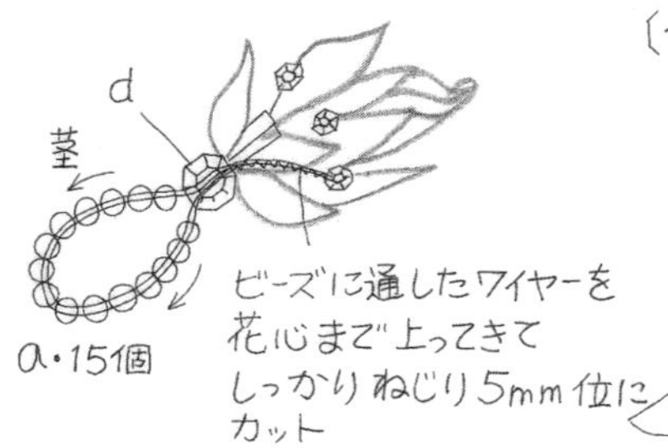

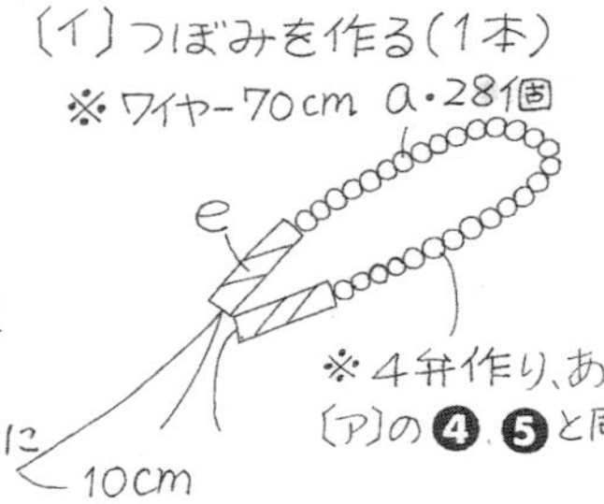

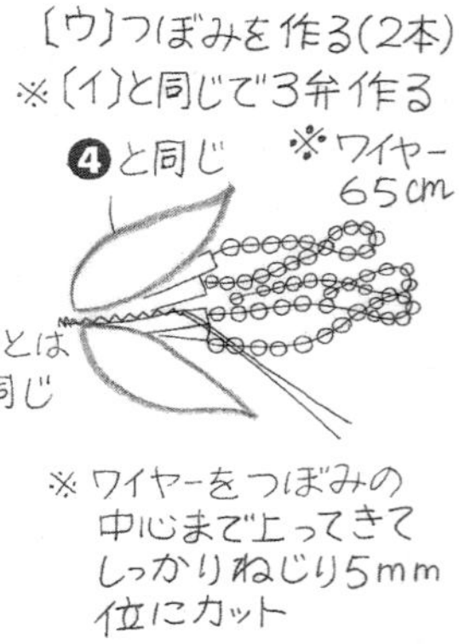

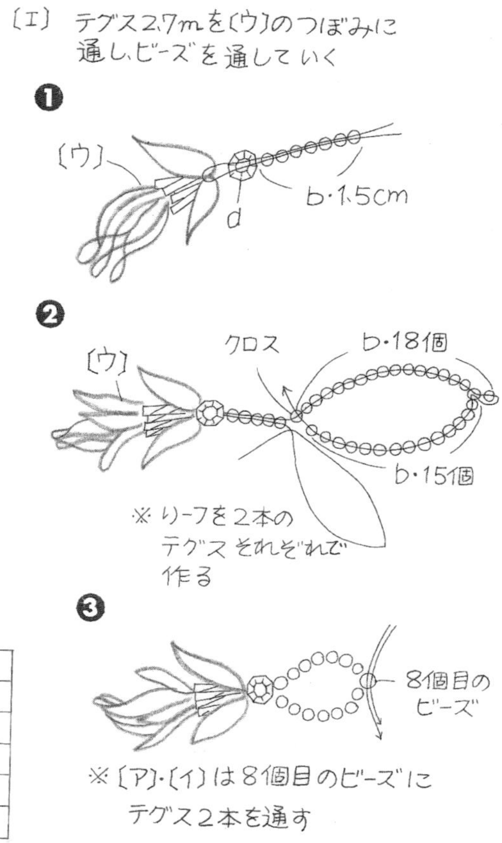

Aできあがり

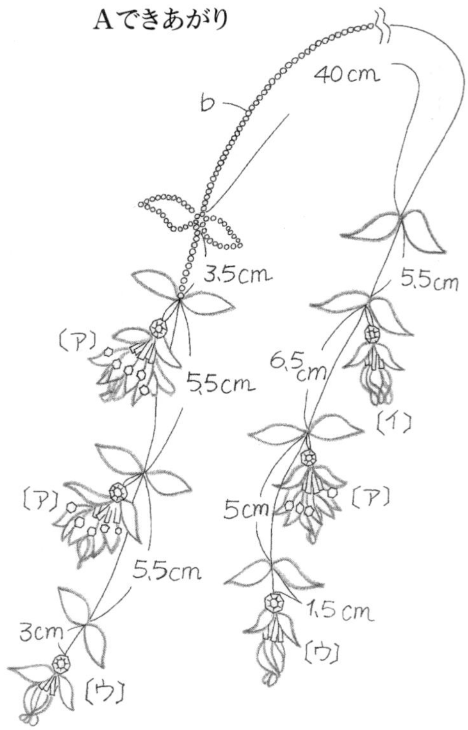

A shooting star

流れ星

26ページ

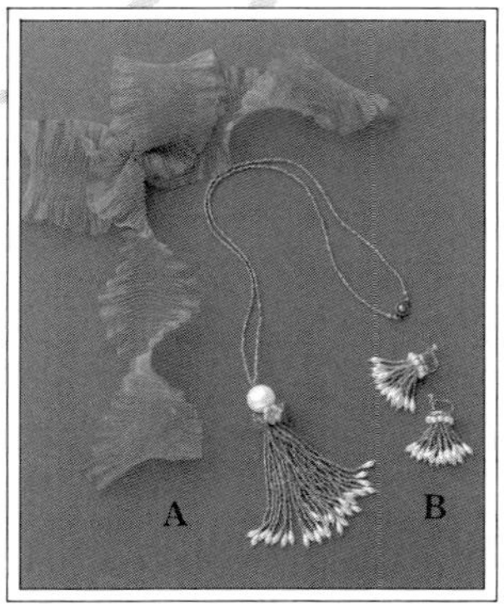

材料はトーホービーズを使用

仕上がり　Aネックレス…65cm
　Bイヤリング…1.5×4cm

Aの材料　スリーカットビーズ／いぶし銀　601　3パック　ツユパール／カルトラ　201　4×8mm　28個　パール／カルトラ　201　16mm　1個　特大ビーズ／琥珀　2　4mm　1個　クラスプセット／α-503　銀F　1セット　テグス／2号　6-11-1　1巻　(花型パーツ／1.2×2.6cm　1個　ポリエステルミシン糸／フリンジ分)

Bの材料　スリーカットビーズ／いぶし銀　601　1パック　ツユパール／カルトラ　201　4×8mm　30個　パール／白　200　4mm　20個　シャワーイヤリング／9-12-18　1セット　ワイヤー／#34　11-34-2　銀　1巻　(ポリエステルミシン糸／フリンジ分)

(　)はトーホービーズでは扱っていません

Aネックレス

❶ フリンジを作る

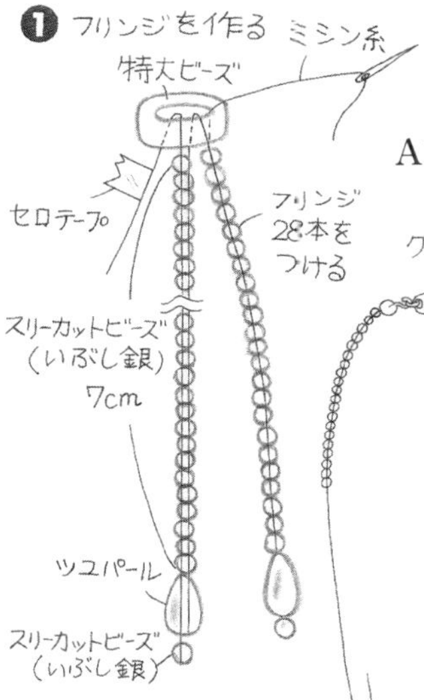

❷

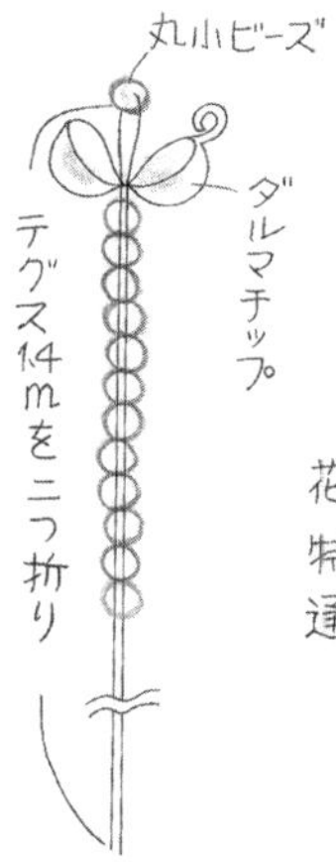

Aできあがり

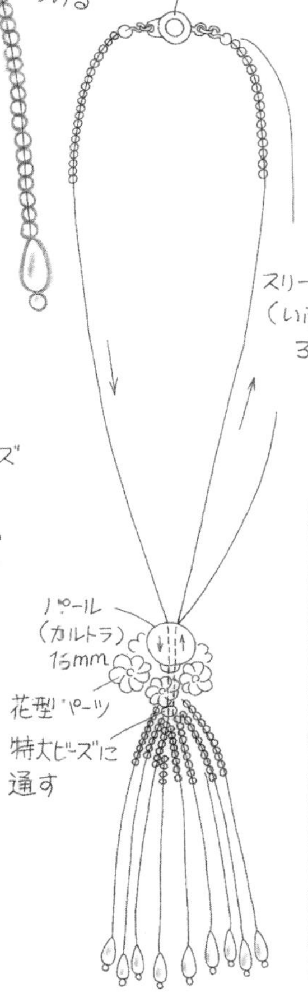

Bイヤリング

❶

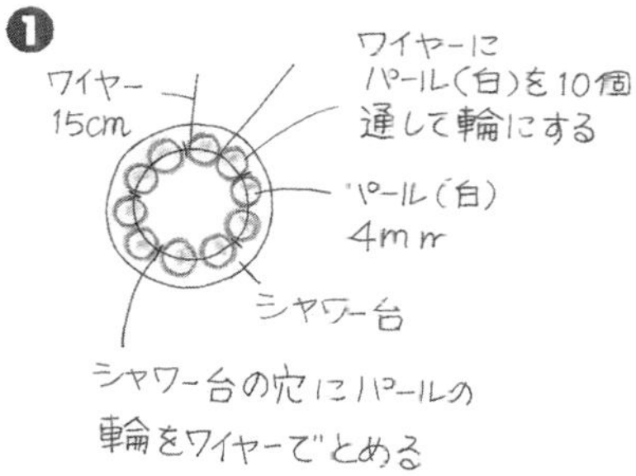

❷

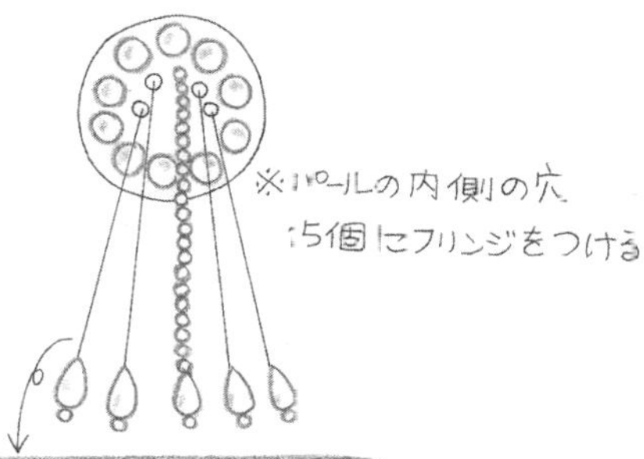

フリンジの作り方とつけ方

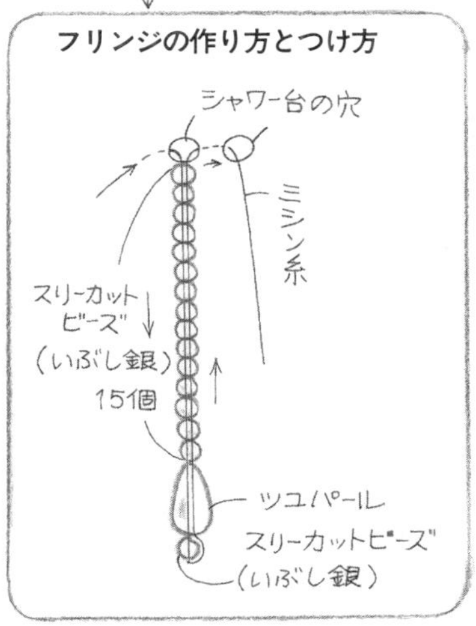

Bできあがり

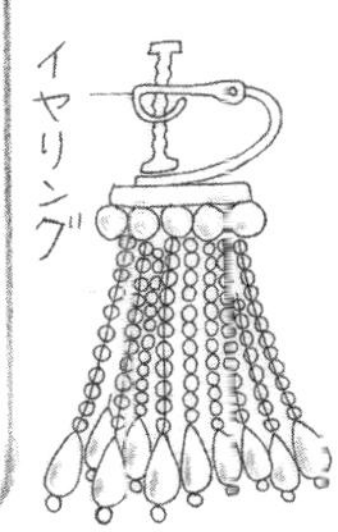

Bブローチ

❶ Aネックレスの〔ア〕・〔イ〕・〔ウ〕を1個ずつ作る
〔ア〕は茎なしにする

❷

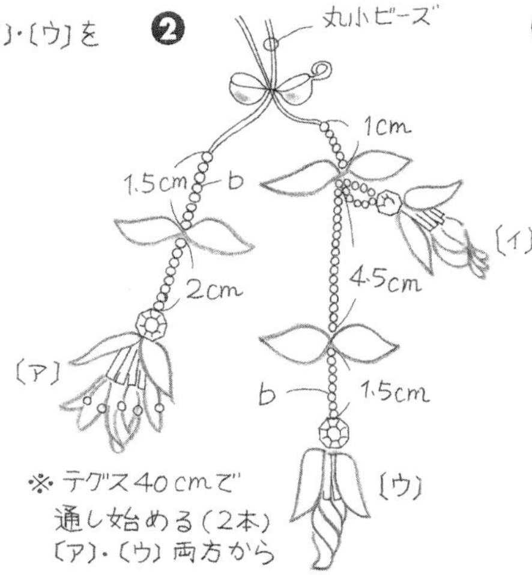

❸ ❷をブローチピンにつける

Cピアス

※ Aネックレスの〔ウ〕を1個作りテグス20cmに通す

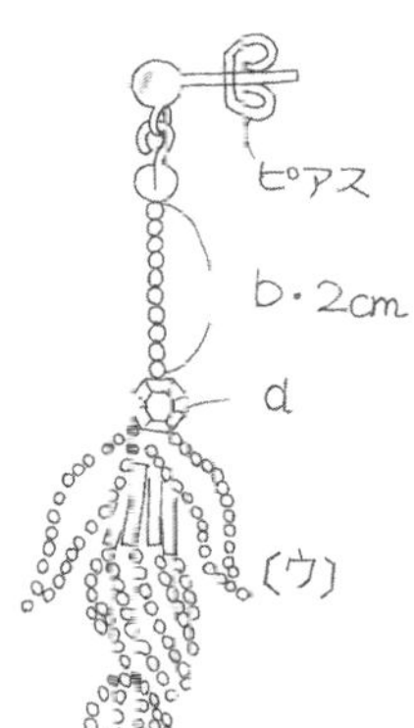

淑女

28ページ

材料はトーホービーズを使用

仕上がり　ネックレス…52cm

材料　スリーカットビーズ／薄オレンジCR103　15パック　ダルマチップ／α-535 M金　10個　テグス／2号　6-11-1　3巻　ワイヤー／#34　11-34-1　金　1巻　(アンティークパールボタン／3個　アンティークシャワー台つきクラスプ　5連用金／2.5×2.5cm　1個)

(　)はトーホービーズでは扱っていません

●作り方

❶テグスにスリーカットビーズを50cm通したものを6本、ダルマチップにつける。これを5連作る

❷ワイヤー30cmで、リーフを3本作る。①番目から⑤番目の順番に作る

❸ボタン3個をテグスを通して、シャワー台の穴にバランスよくとめつける。リーフ3本もそれぞれ穴にさして裏側でねじる

❹クラスプにダルマチップをそれぞれつける

❶

❷

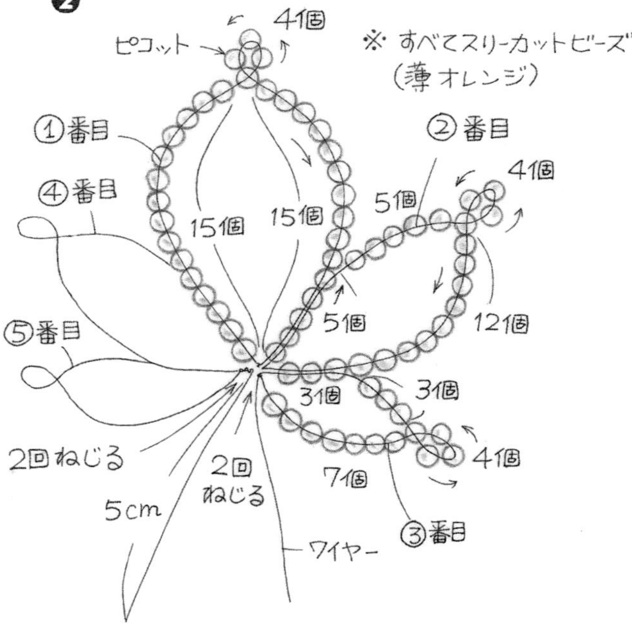

❸

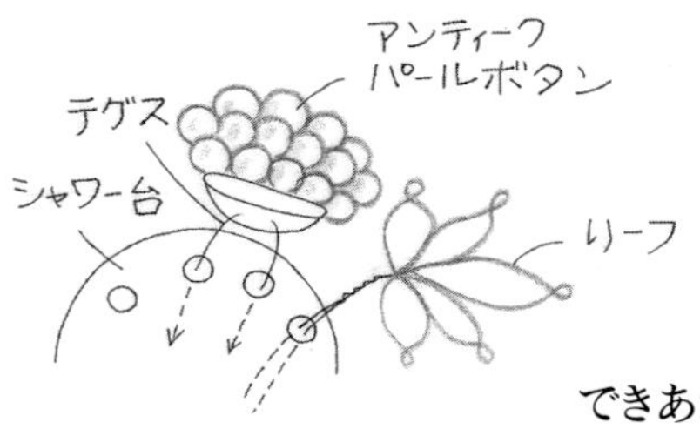

できあがり

❹

Lady
「淑女」
29ページ

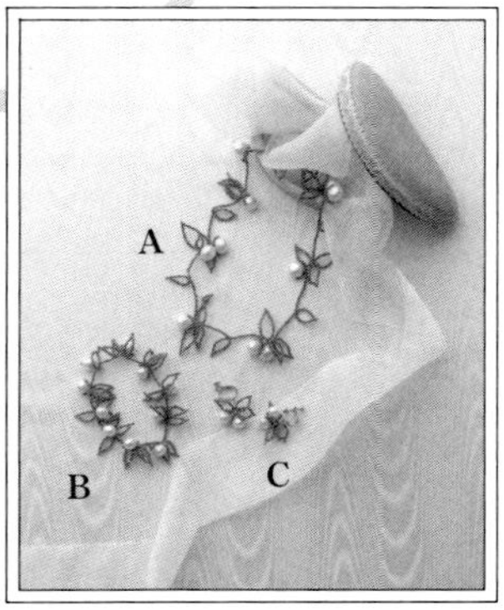

●●●材料はトーホービーズを使用●●●

仕上がり　Aネックレス…42cm
Bブレスレット…17.5cm
Cイヤリング…2.5×2.5cm

A・B・Cの材料　スリーカットビーズ／虹　CR539　3パック　バロックパール／カルトラα-9　8mm　13個／カルトラα-10　10mm　12個　イヤリング／α-542　M金　1セット　ダルマチップ／α-535　M金　2個　テグス／2号　6-11-1　1巻

Aネックレス

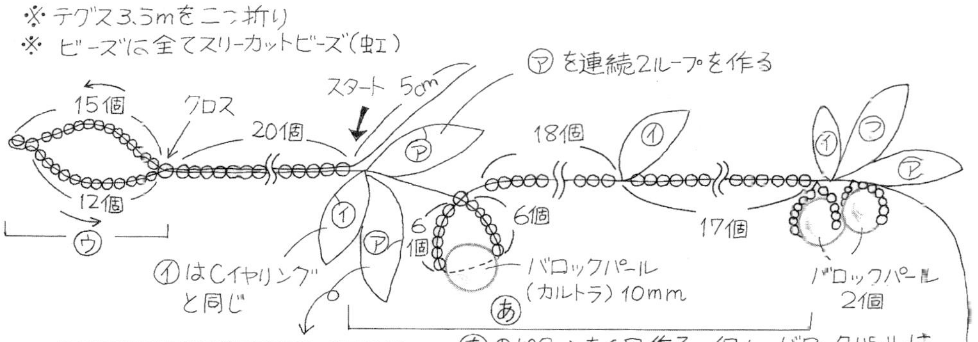

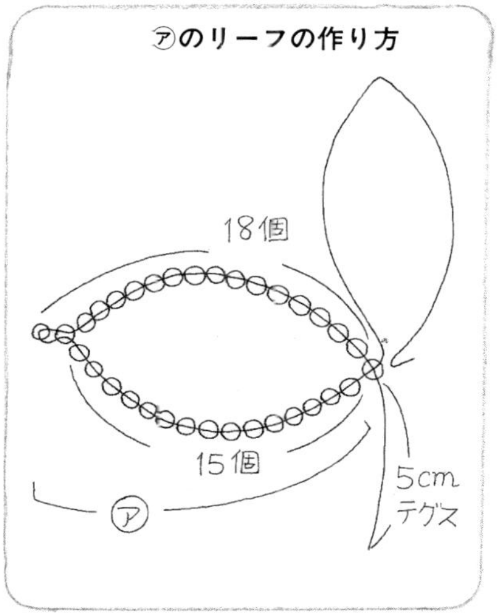

Aできあがり

Cイヤリング

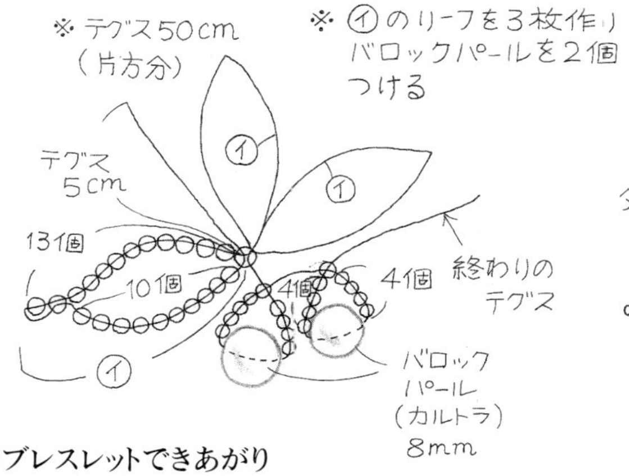

Cできあがり

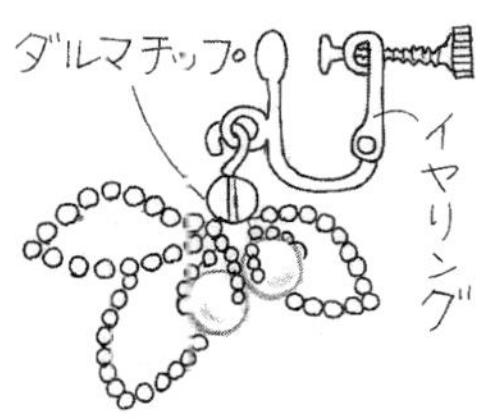

Bブレスレットできあがり

Ripple

「さざ波」

30ページ

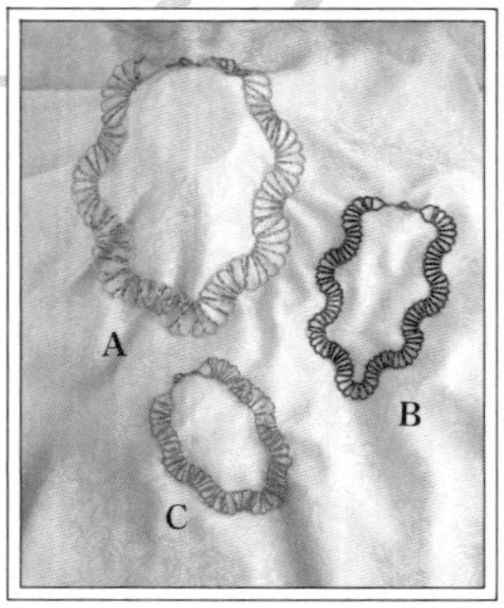

材料はトーホービーズを使用

仕上がり　Aネックレス…59cm
Bネックレス…44cm
Cネックレス…39cm

Aの材料　スリーカットビーズ／金 CR712　2パック　ツイストビーズ／ブロンズゴールド　513　12mm　3パック　クラスプセット／α-503　金F　1セット　テグス／2号　6-11-1　1巻

Bの材料　スリーカットビーズ／黒 CR49　1パック　ツイストビーズ／黒 49　12mm　2パック　クラスプセット／α-503　金F　1セット　テグス／2号 6-11-1　1巻

Cの材料　スリーカットビーズ／いぶし銀　CR601　2パック　竹ビーズ／いぶし銀　711　2分竹6mm　2パック　クラスプセット／α-503　銀F　1セット　テグス／2号　6-11-1　1巻

A・B・Cネックレス

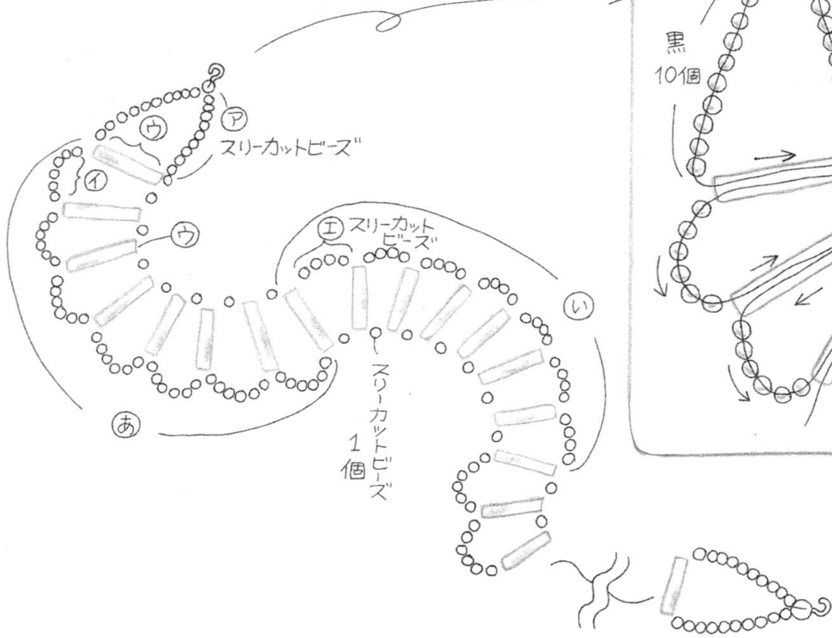

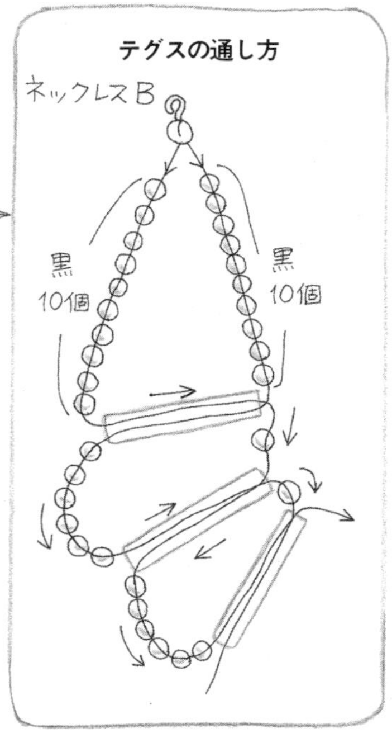

※あ・いのパターンを交互に通す

●作り方

A・B・Cとも作り方は同じ、表を参照してテグスの長さを二つ折りにしてビーズを通す。㋐と㋑のパターンを交互に通し、最初と最後にクラスプをつける

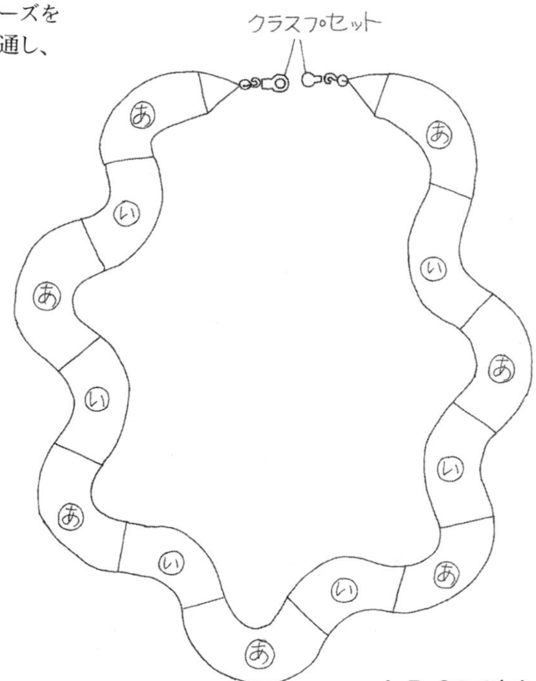

A・B・Cのでき上がりは

79ページに

A・B・Cのビーズとテグス

	ネックレスA	ネックレスB	ネックレスC
㋐スリーカットビーズの数	金　16個	黒　10個	いぶし銀10個
㋑スリーカットビーズの数	金　10個	黒　6個	いぶし銀　6個
㋒のビーズ	ツイストビーズ（ブロンズゴールド）スリーカットビーズ（金）3個	ツイストビーズ（黒）	竹ビーズ（いぶし銀）スリーカットビーズ（いぶし銀）3個
㋓スリーカットビーズの数	金　7個	黒　4個	黒　4個
テグスの長さ	7.4m	3.7m	4.5m

A shooting star

「流れ星」

27ページ

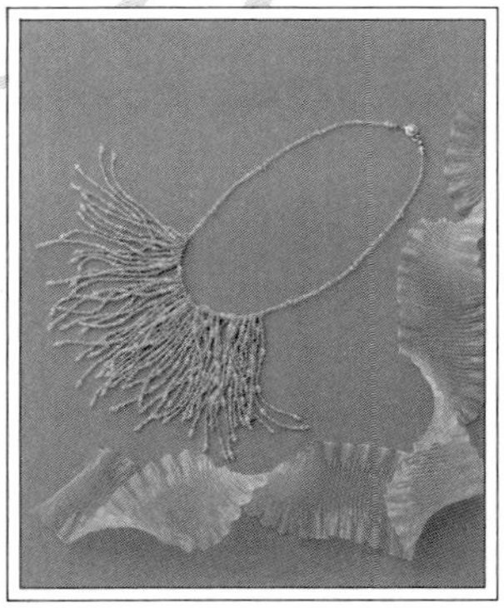

材料はトーホービーズを使用

仕上がり　ネックレス…44cm

材料　スリーカットビーズ／虹　CR539　5束　クリスタルカットビーズ／トパーズ　6mm　J-56-3　10個／トパーズ　4mm　J-54-3　191個　クラスプセット／α-503　金F　1セット　テグス／2号　6-11-1　1巻　（ポリエステルミシン糸／フリンジ分）

(　)はトーホービーズでは扱っていません

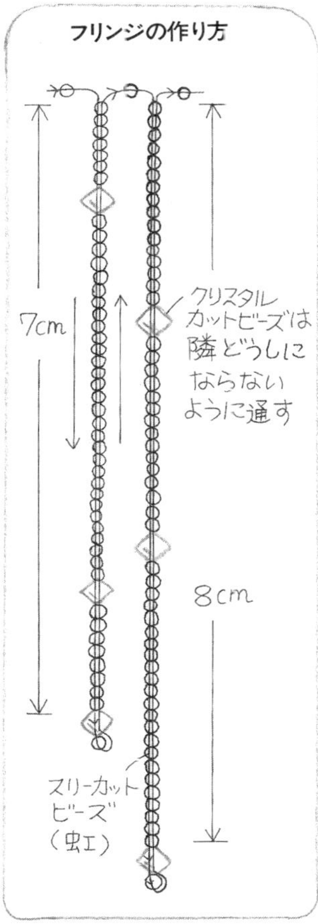

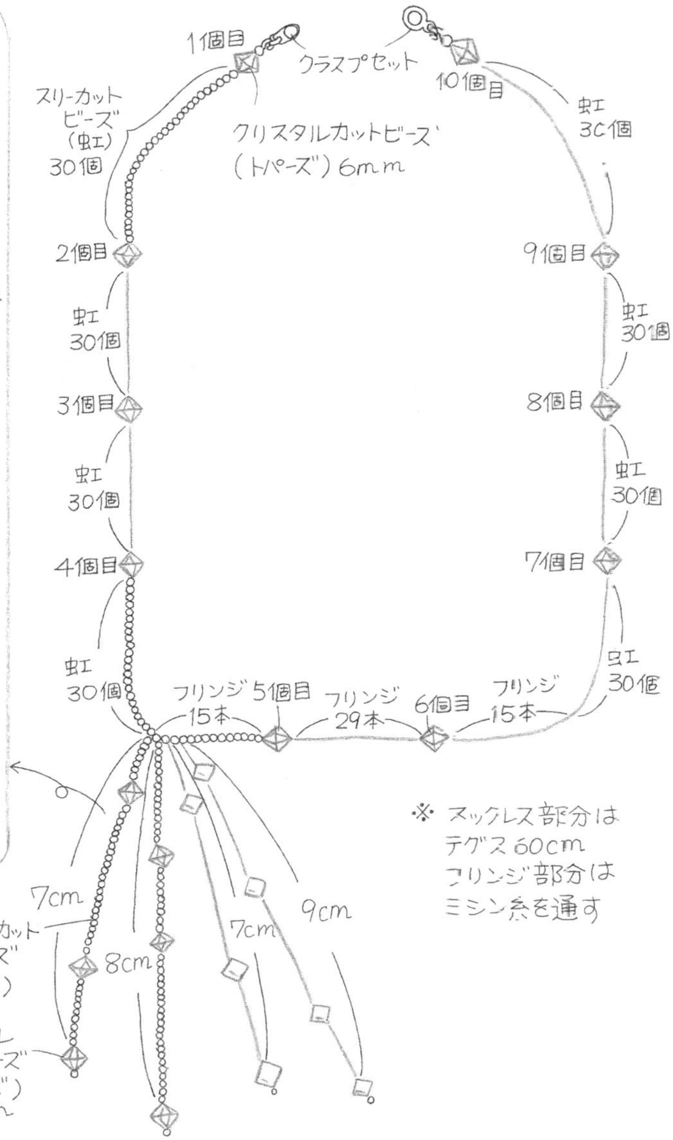

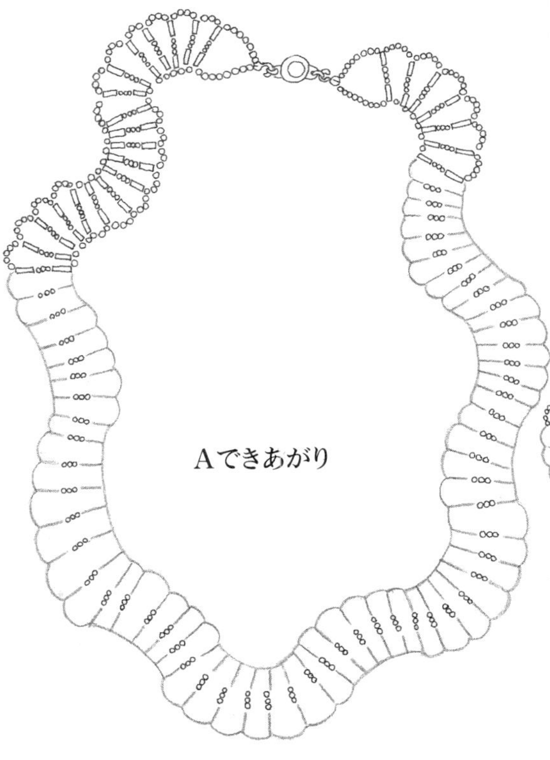

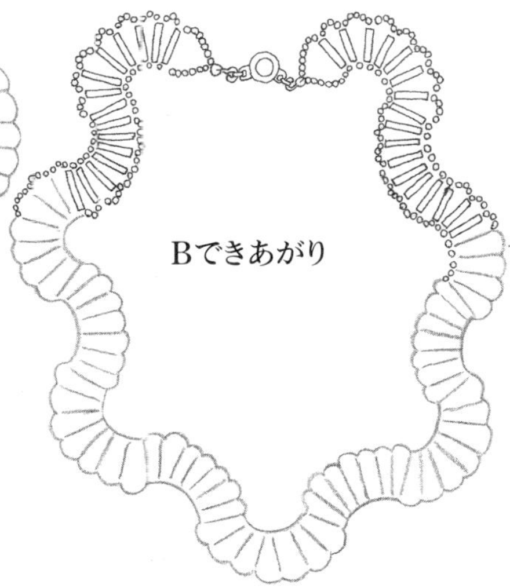

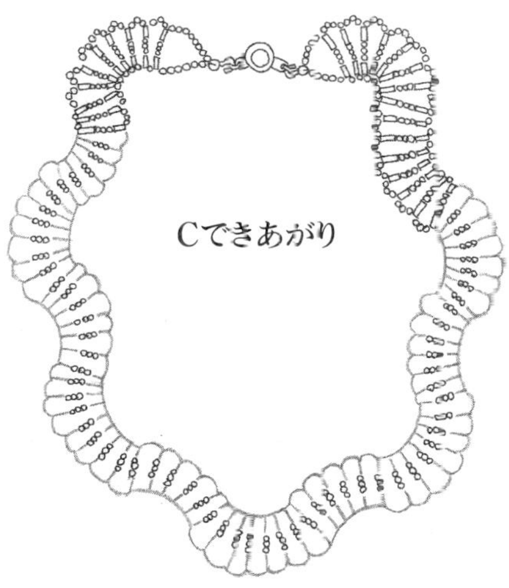

Ripple

「さざ波」

31ページ

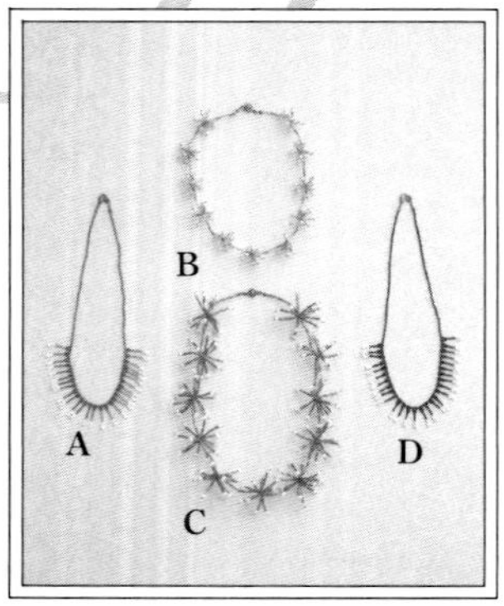

●●●材料はトーホービーズを使用●●●

仕上がり　A・Dネックレス…45.5cm
Bネックレス…44cm
Cネックレス…53cm

Aの材料　スリーカットビーズ／パープル CR6C　1パック　竹ビーズ／パープル 115　二分竹6mm　1パック　バラビーズ丸小／アイボリー　51　1パック　マガ玉ビーズ／アイボリー　M51　1パック　クラスプセット／α-501　金F　1セット　テグス／2号　6-11-1　1巻

Bの材料　スリーカットビーズ／金虹 CR712　1パック　竹ビーズ／緑　167 二分竹　6mm　1パック　ロイヤルビーズ／ブロンズ緑　706　／ブロンズ紫　709 二分竹6mm／各1パック　パール／カルトラ　201　4mm　121個　クラスプセット／α-503　金F　1セット　ワイヤー／#31 11-31-2　銀　1巻

Cの材料　スリーカットビーズ／金虹 CR722　1パック　ツイストビーズ／メタリック紫　514　9mm　5パック　マガ玉パール／カルトラ　α-3　6mm　4パック　クラスプセット／α-503　金F　1セット　ワイヤー／#31　11-31-2　銀　1巻

Dの材料　スリーカットビーズ／黒 CR49　1パック　竹ビーズ／黒　49　三分竹9mm　1パック　バラビーズ丸小／アイボリー　51　1パック　マガ玉ビーズ／アイボリー　M51　1パック　クラスプセット／α-501　金F　1セット　テグス／2号　6-11-1　1巻

A・Dネックレス

❶
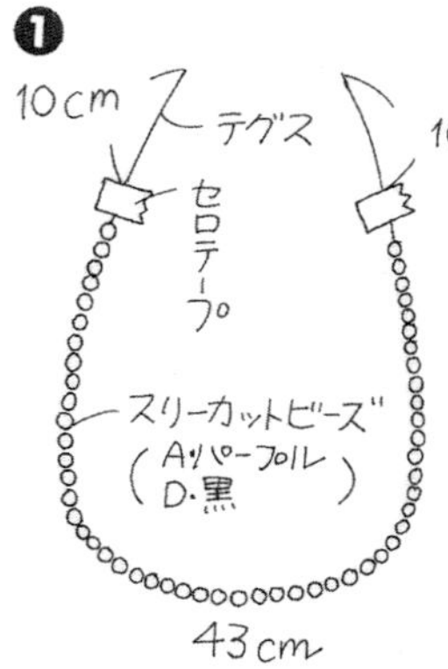

❷
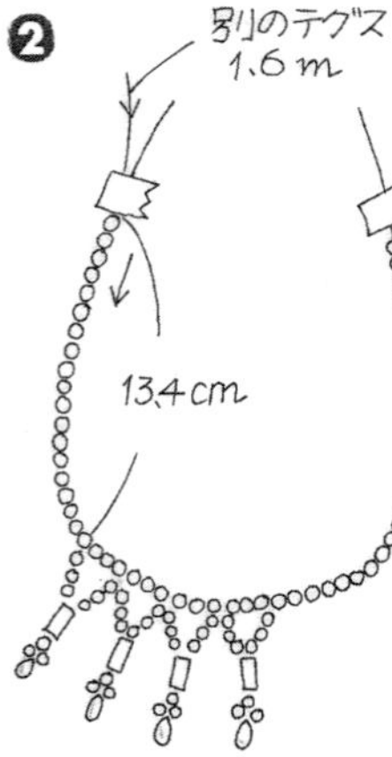

❸
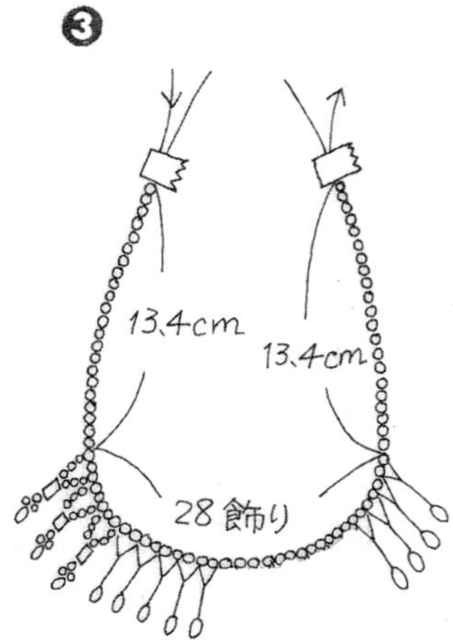

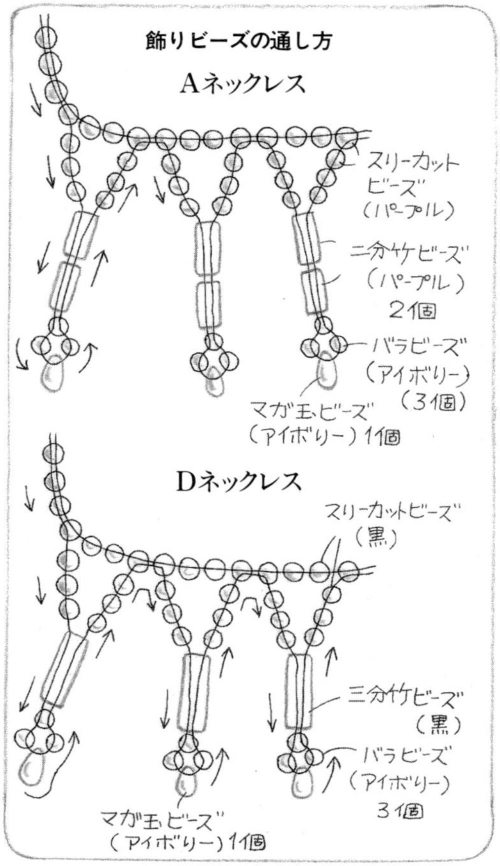

❹
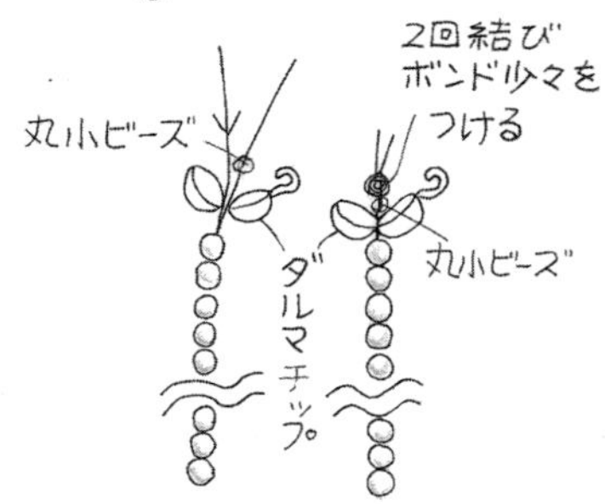

A・Dできあがり

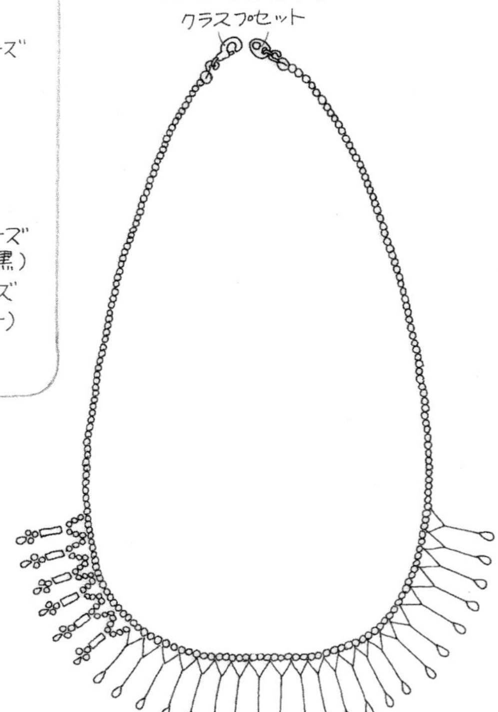

A・Dネックレスの作り方

❶Aはスリーカットビーズ（パープル）。Dはスリーカットビーズ（黒）をテグスに43cm通す

❷別のテグス1.6mを13.4cmまで二重に通し、飾りビーズを通す

❸飾りのビーズを28パターン通し、13.4cmの部分を二重に通す

❹ダルマチップを入れ、2度結びをしてボンド少々つけ、クラスプをつける

B・Cネックレスの作り方

❶ワイヤーは長めの使いやすい長さにカットする（ワイヤーのつなぎ目は飾りの部分）。図を参照してBは11本、Cは13本の飾りは全体が球状になるようにワイヤーを中心で数回たすきがけをしてまとめる。11パターンつなげる

❷ビーズを通し終わってから、先端にダルマチップを通し、丸小ビーズにワイヤーを2回巻き、再びダルマチップの穴にもどして球状飾りの芯に巻いてカットする。クラスプをつなげてできあがり

B・Cネックレス

Bネックレスのビーズの通し方

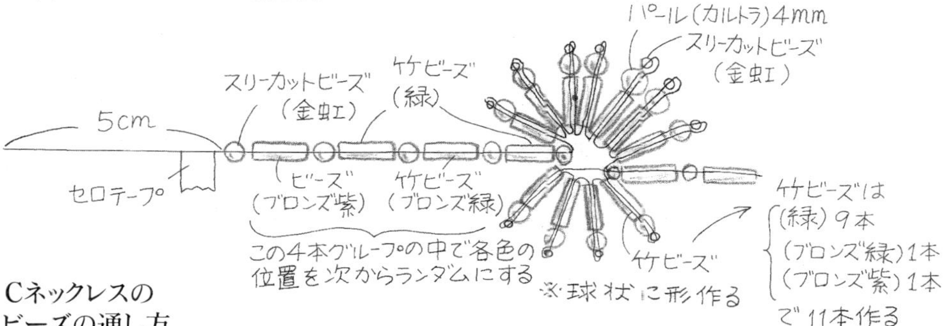

Cネックレスのビーズの通し方

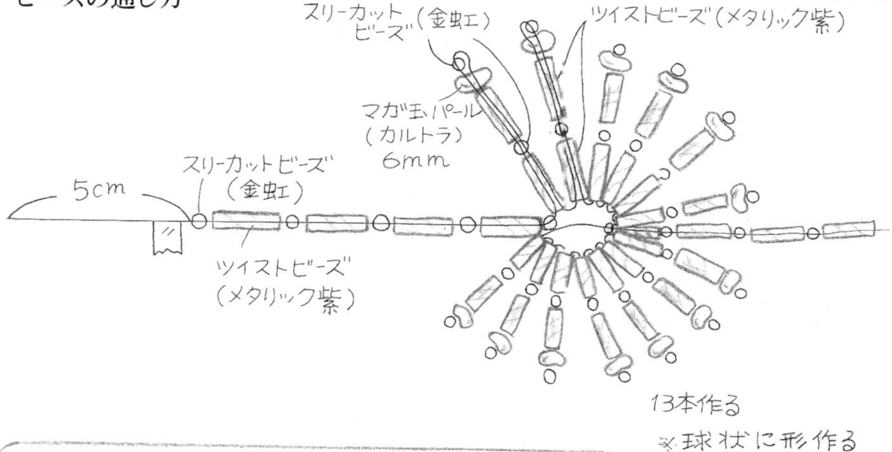

ワイヤーのつなぎ方

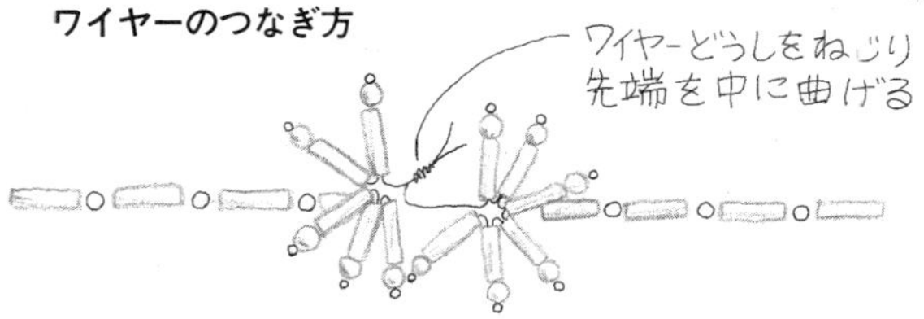

B・C共通の始末

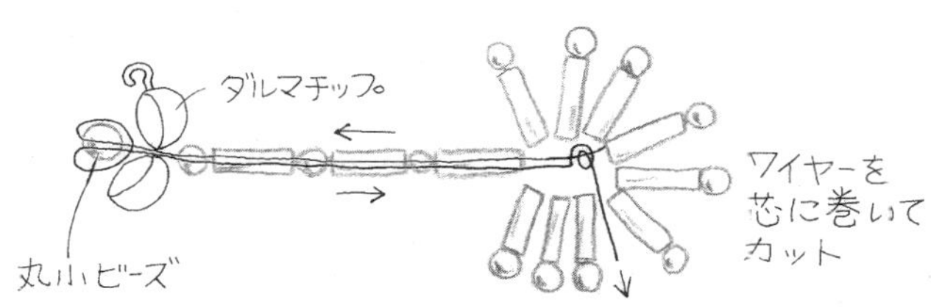

Bできあがり

Cできあがり

Angel

「天使の戯れ」

32ページ

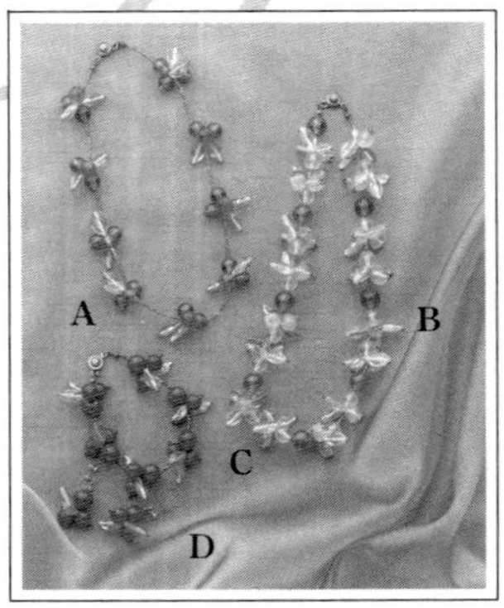

●●●材料はトーホービーズを使用●●●

仕上がり　Aネックレス…2.5×42cm
Bネックレス…2.8×47cm
Cブレスレット…2.5×21cm
Dピアス…2.5×2.5cm

Aの材料　スリーカットビーズ／紫虹　CR114　1パック　アクリルビーズ／薄紫　α-203　10㎜　27個／バリエーション　青紫(リーフタイプ)　α-215　18個　クラスプセット／α-503　金F　1セット　テグス／2号　6-11-1　1巻

Bの材料　ロイヤルビーズ丸小／ブロンズ紫　514　1パック　アクリルビーズ／ピンク　α-202　10㎜　48個／薄紫　α-203　12㎜　8個／バリエーション　オレンジ(リーフタイプ)　α-213　32個　クラスプセット／α-503　金F　1セット　テグス／2号　6-11-1　1巻

C・Dの材料　スリーカットビーズ／メタリック紫　CR509　1パック　アクリルビーズ／紫　α-205　12㎜　8個／紫　α-205　10㎜　16個／バリエーション　青紫(リーフタイプ)　α-215　16個　クラスプセット／α-503　金F　1セット　ダルマチップ／α-539　金F　2個　ピアス／α-547　M金　1セット　テグス／2号　6-11-1　1巻

Aネックレス

Aネックレスのビーズ記号

記号	種類	色大きさ
a	スリーカットビーズ	紫虹
b	アクリルビーズ	薄紫　10mm
c	〃　バリエーション	青紫リーフタイプ

❶ テグスは2.5m二つ折り

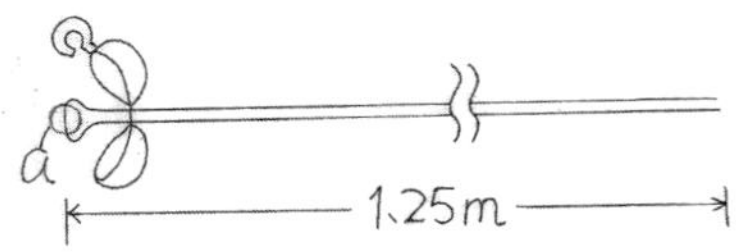

❷

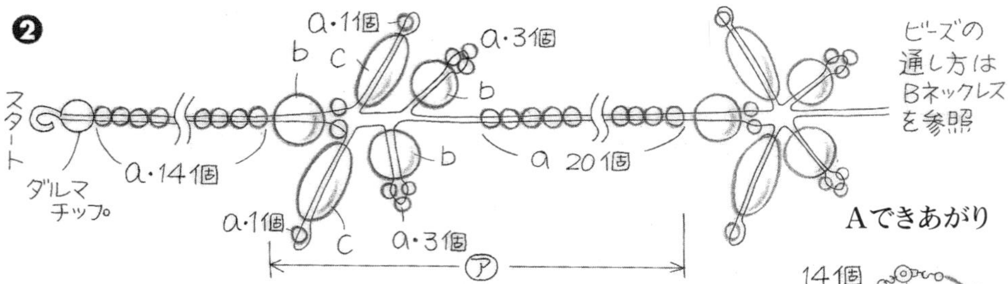

㋐を1模様として9回くり返す（最後はa・14個）

Aできあがり

Bネックレス

❶ テグスは3m二つ折り（Aネックレス参照）

❷

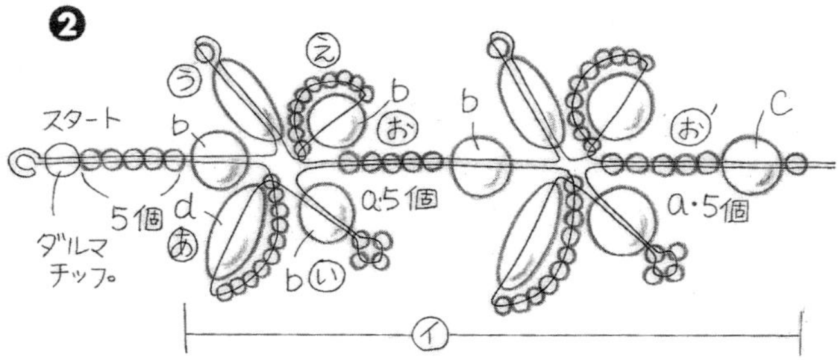

㋑を1模様として8回くり返し　8模様にする

Bできあがり

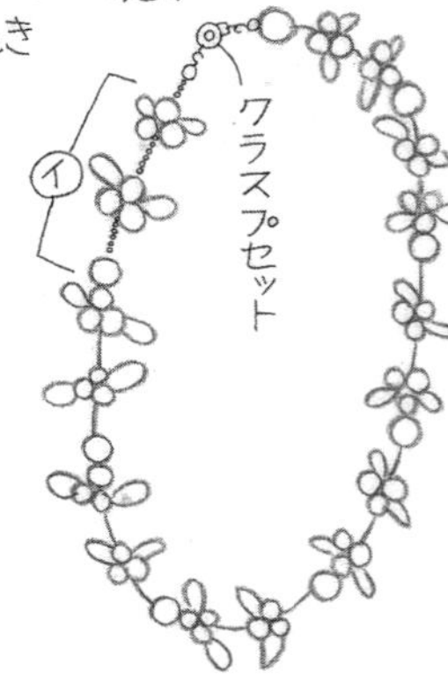

テグスの通し方

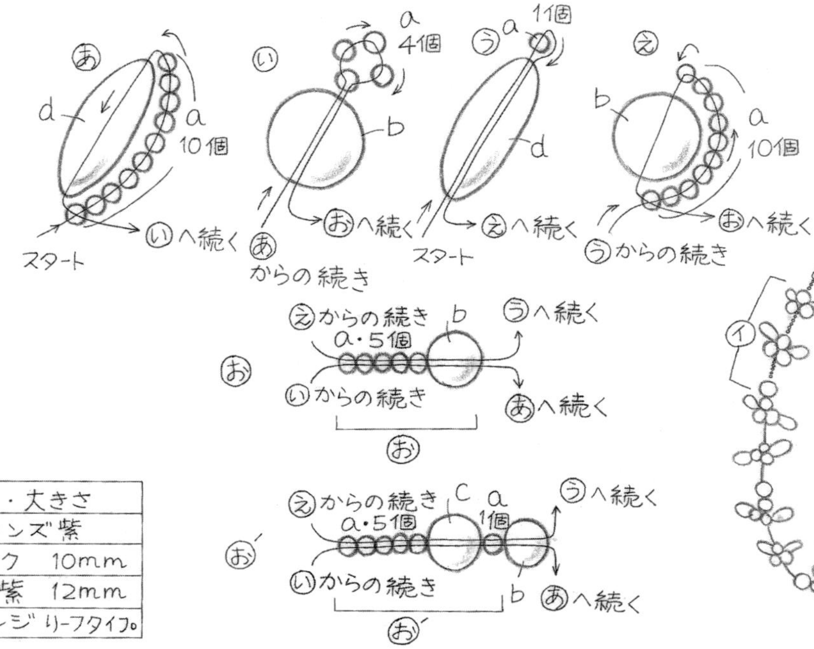

Bネックレスのビーズ記号

記号	種類	色・大きさ
a	丸小ビーズ	ブロンズ紫
b	アクリルビーズ	ピンク　10mm
c	〃	薄紫　12mm
d	〃　バリエーション	オレンジリーフタイプ

Coat of arms

「薔薇の紋章」

34ページ

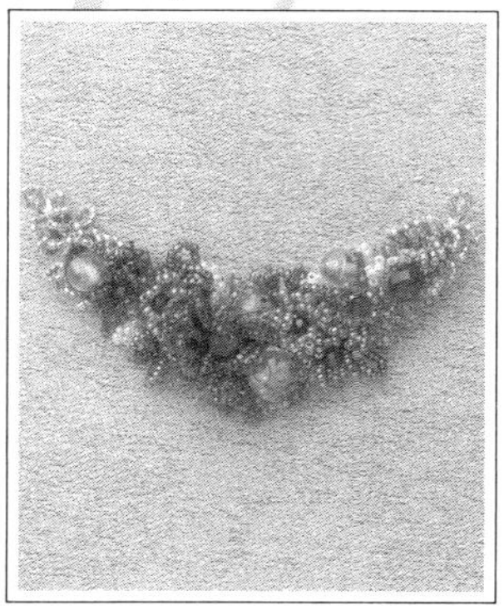

材料はトーホービーズを使用

仕上がり 5×10cm

材料 丸小ビーズ／ピンクエンジ 186／緑虹 323／エンジ虹 406／ピンク 909／薄紫 960／各1パック ティビービーズ／ピンク銀 563／グレー銀 606／各1パック スリーカットビーズ／濃赤 CR400／ピンク赤 CR425／各1パック デコラビーズ／グリーン花柄 α-5618 1個／グリーン金ラメ入り α-5602 2個 アクリルビーズカット玉／緑 α−265 8mm 1個／赤 α-268 8mm 2個、4mm 5個 （シャワーブローチ／三日月形 金 4.5×10cm） テグス／2号 6-11-1 1巻

（ ）はトーホービーズでは扱っていません

●作り方

❶花の部分を全部作る

❷シャワー台にデコラビーズ、アクリルビーズカット玉をつける

❸葉のループをつける

❹両先端をティビービーズ（グレー銀）のループでうめる

❺シャワー台の残りの穴に丸小ビーズ（ピンクエンジ・ピンク・薄紫）、スリーカットビーズ（ピンク赤）各7個をバランスよくうめる

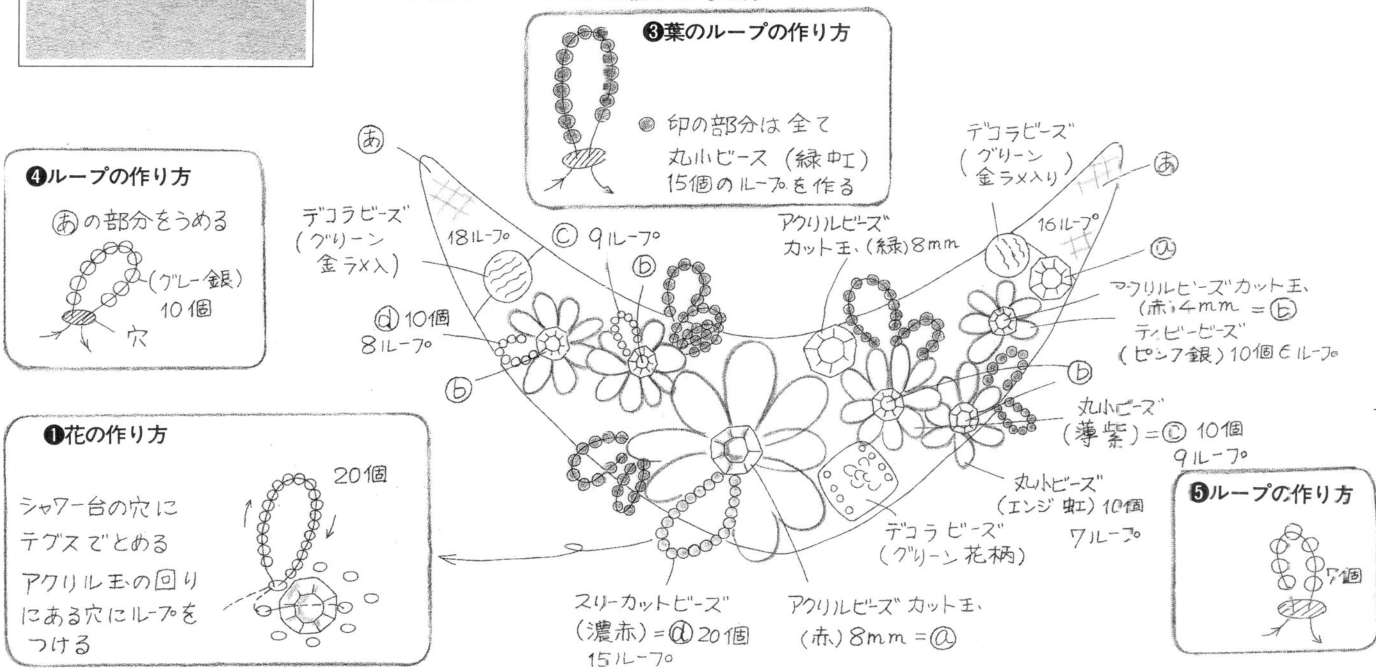

C ブレスレット　D ピアスのビーズ記号

記号	種　類	色・大きさ
a	スリーカットビーズ	メタリック紫
b	アクリルビーズ	紫　12mm
c	〃	紫　10mm
d	〃　バリエーション	青紫リーフタイプ

Cできあがり

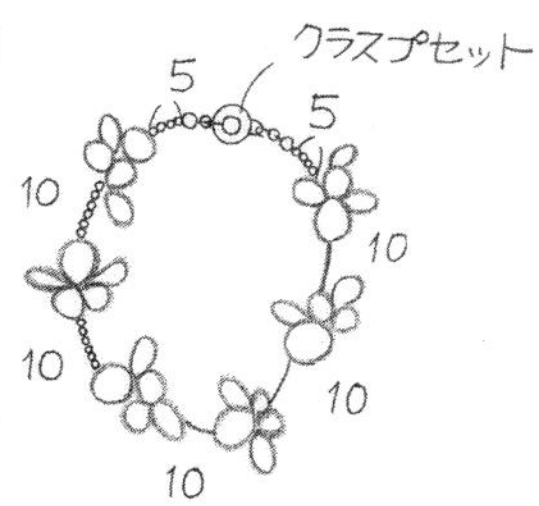

Dピアス

❶ テグスは30cmにカットしてスタートする

❷ 下図のようにテグスを通し、ダルマチップとピアスをつける

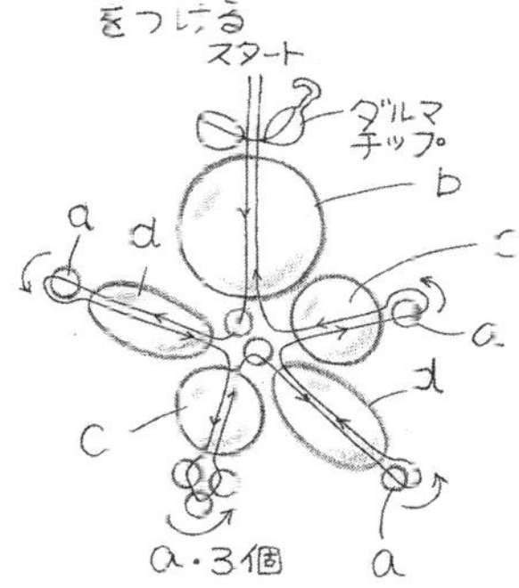

Cブレスレット

❶ テグスは2m 二つ折り （Aネックレス参照）

❷

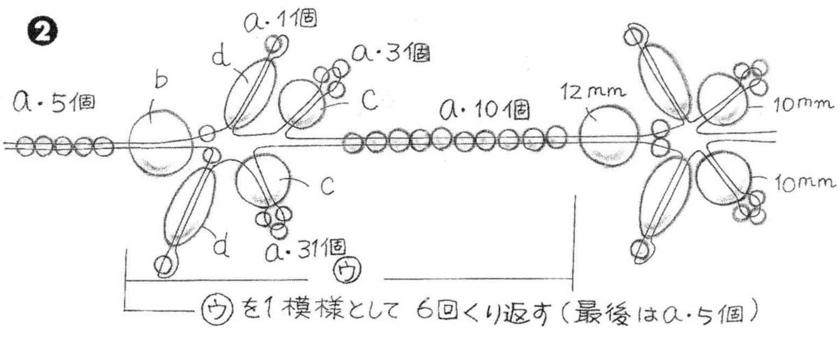

Angel

「天使の戯れ」

33ページ

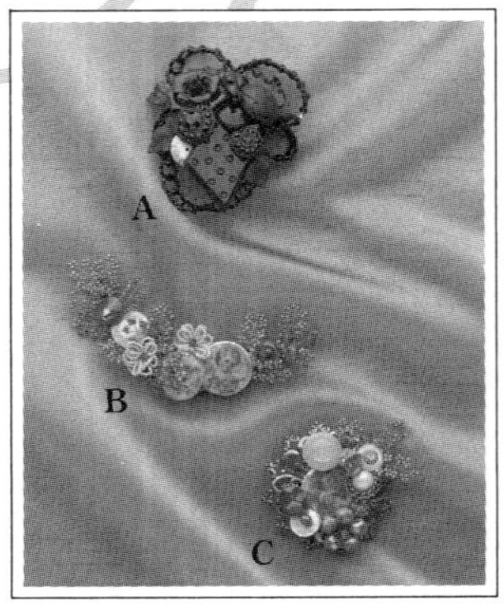

●●●**材料はトーホービーズを使用**●●●

仕上がり　Aブローチ…7.5×9cm
Bブローチ…5.5×12cm
Cブローチ…5.5×7.5cm

Aの材料　スリーカットビーズ／黒 CR49 1パック　クリスタルカットビーズ／黒 J-54-10 4mm 55個（アンティークボタン／黒 8個／アイボリー 1個 パーツ／黒ハート 1個／黒バラ 1個／黒リーフ 2個／黒細長 1個 シャワーブローチ卵形／銀 3×4cm 1個）ワイヤー／#28 11-28-15 銀 1巻

Bの材料　丸小ビーズ／仁丹メッキ 銀 554 1パック　スリーカットビーズ／紫虹 CR114／虹 CR539／各1パック　特小ビーズ／クリーム 352 1パック　クリスタルカットビーズ／アメジスト J-54-8 2個／ルビー J-53-6 1個（ボタン／5個 エンゼルパーツ／1個 三日月シャワーブローチ／4.5×10cm 1個）ワイヤー／#34 11-34-2 銀 1巻

Cの材料　丸小ビーズ／仁丹メッキ 銀 554 1パック　特大ビーズ／紫 85 5.5mm 1個　クリスタルカットビーズ／ピンク J-54-7 4mm 1個　アクリルカット玉／ピンクエンジ 8mm 5個（緑花型パーツ／1個 緑小花パーツ／1個 造花／1個 ボタン／6個 透かしブローチ台／6×6cm 1個）ワイヤー／#34 11-34-2 銀 1巻

（　）はトーホービーズでは扱っていません

Aブローチ

❶ シャワー台にワイヤーでボタン・バラパーツ・リーフなどをアレンジしてつける

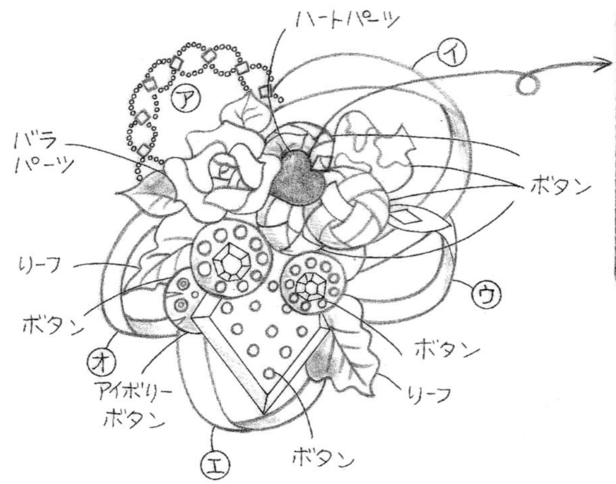

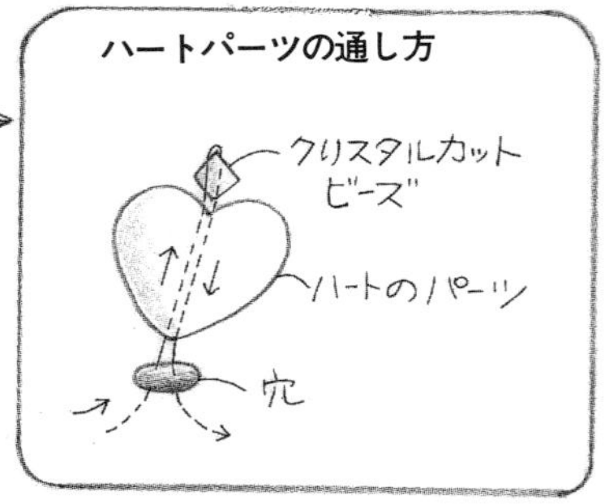

❷ 外側のループを作る

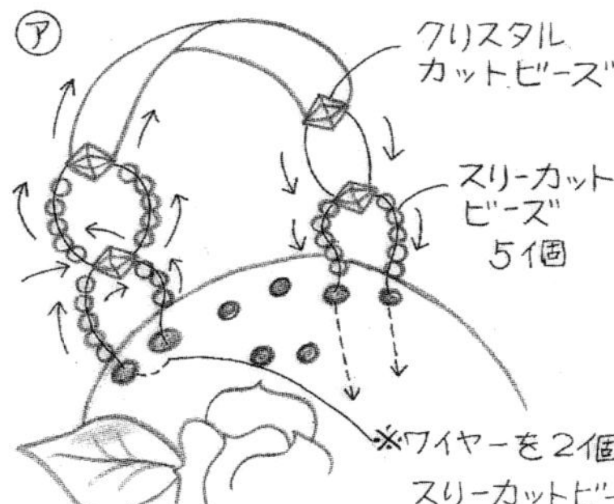

※ワイヤーを2個の穴から出してスリーカットビーズを通していくクリスタルカットビーズでクロスする

外側ループのクリスタルカットビーズの数

ア	11 個
イ	13 個
ウ	8 個
エ	13 個
オ	9 個

左記のビーズの数を使ってループを作る

Cブローチ

❶ Bブローチの❶を参照

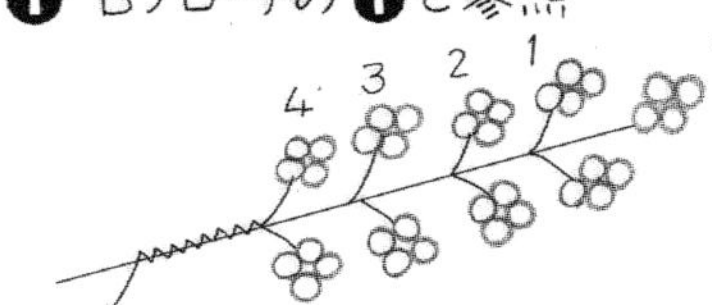

※丸小ビーズ（仁丹メッキ）でループを作る
4段のものを3本作る

❷ ワイヤー1mでボタン・パーツをつける

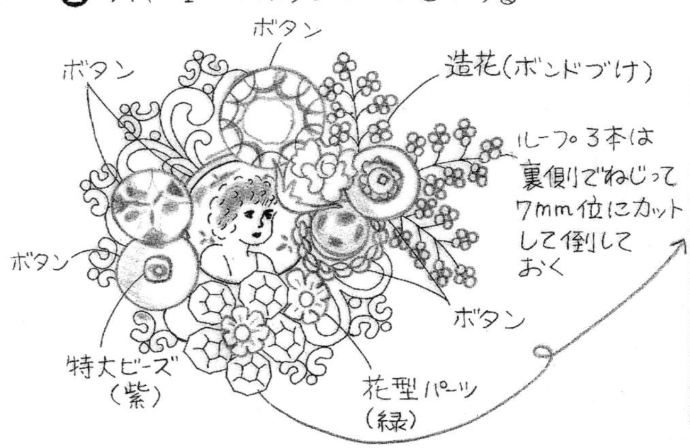

ループ3本は裏側でねじって7mm位にカットして倒しておく

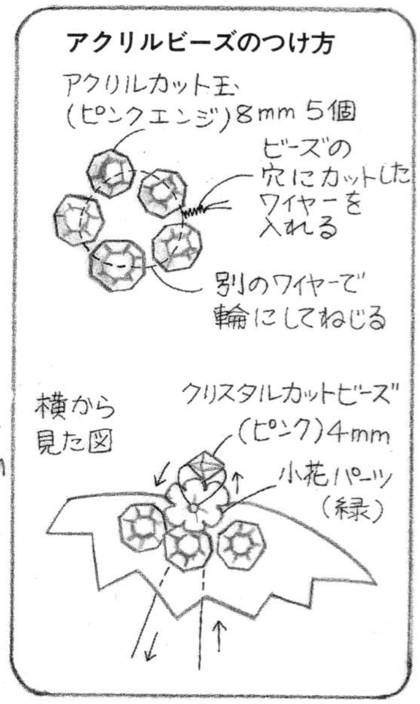

Bブローチ

❶ ループを作る
※ ビーズはあらかじめワイヤーに通しておく

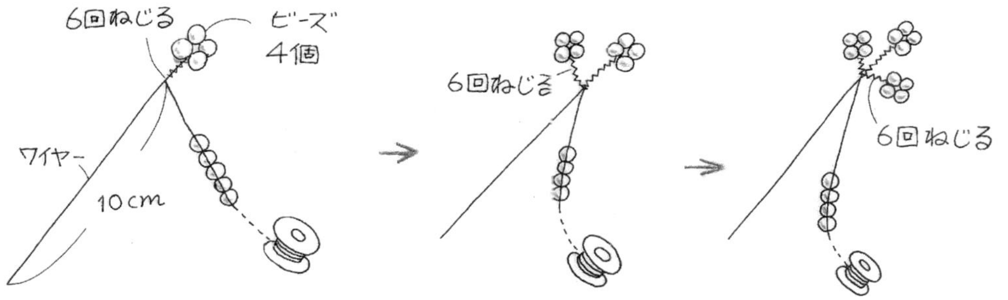

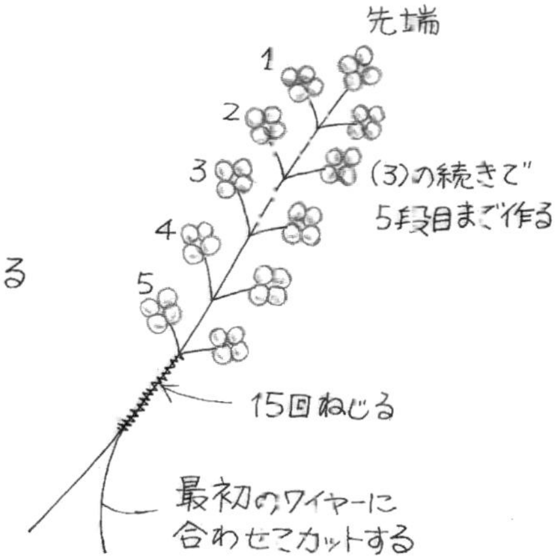

ⓐ 丸小ビーズ(仁丹メッキ)のループ----10本
ⓑ スリーカットビーズ(紫虹)のループ----3本
ⓒ 〃 (虹)のループ----3本
作る(作り方は全て同じ)

❷ 小花を作る
※ 特小ビーズ(クリーム)をワイヤーに通しておく

85

❸ 下図のように❶のループ、❷の小花、
ボタンをシャワー台につける

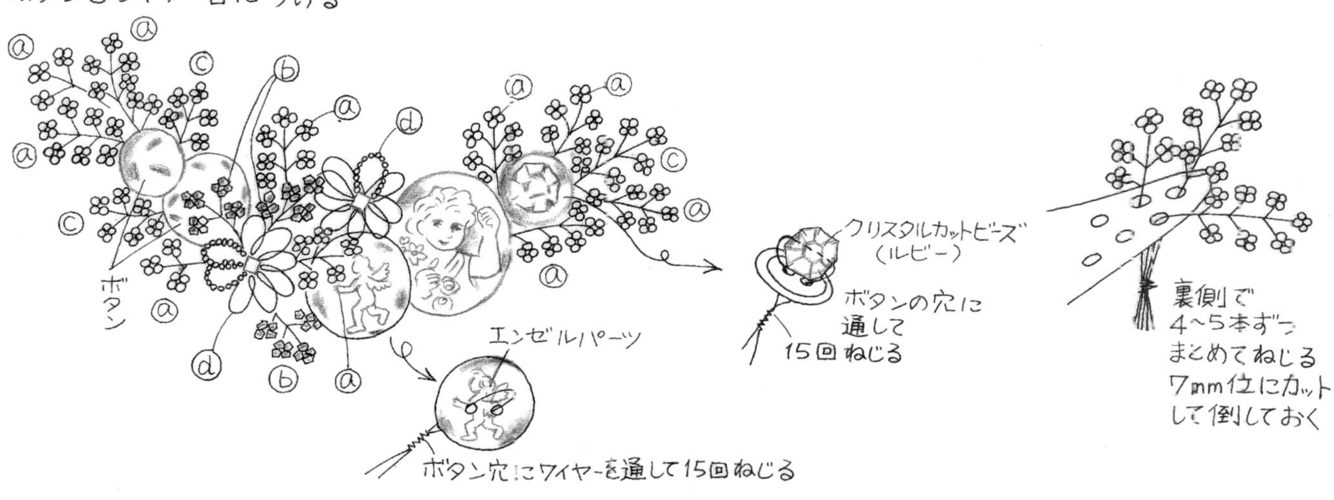

Coat of arms

「薔薇の紋章」

35ページ

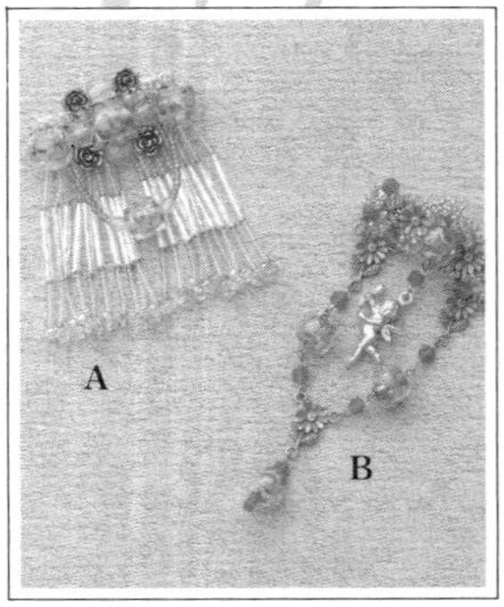

●●●材料はトーホービーズを使用●●●

仕上がり　Aネックレス…5×7cm
Bブローチ…5×10.5cm

Aの材料　丸小ビーズ／ガラス緑　4／ブロンズブルー　167BDF／各1パック　マガ玉ビーズ／ミックス　BM61　2パック(ピンクのみ使用)　ツイストビーズ／銀21　20mm　1パック　デコラビーズ／グリーン(花柄)　α-5618　4個　メタルパーツ／メタルチャーム(バラ)　α-7221GF　4個　アクリルビーズカット玉／緑　α-2651　8mm　4個、4mm　2個　ブローチピンメッシュ／9-31-6　銀　1個　テグス／2号　6-11-1　1巻

Bの材料　丸小ビーズ／薄紫960　1パック　デコラビーズ／ブルー(花柄)　α-5616　4個　アラカルトビーズ／ブルー(花型)　α-2456　14個　メタルパーツ／ジョイント花モチーフ　α-7245GF　5個　(エンゼル型パーツ／金　1個)　9の字ピン／α-516MG　30mm　7本　Tピン／α-514MG　22mm／α-515MG　45mm／各1本　丸カン／α-532GF　4個　ブローチピンメッシュ／9-31-6　金　1個　テグス／2号　6-11-1　1巻

(　)はトーホービーズでは扱っていません

Aブローチの作り方

❶テグス2mでメッシュ台にパーツ、ビーズをつける

❷メッシュ台の見える穴の部分を丸小ビーズ3個のループでうめる

❸❷の続きのテグスにビーズを通す(飾りループ)

❹テグス2.5mでフリンジ(20本)をメッシュ台の一番下の穴につける

❺テグス糸の最後は始めの糸と結び、ボンド少々をつける

Aブローチ

Aのビーズ記号

記号	種類	色、大きさ
a	丸小ビーズ	ガラス緑
b	〃	ブロンズブルー
c	マガ玉ビーズ	(ミックス)ピンクのみ使用
d	ツイストビーズ	銀 20mm
e	デコラビーズ	グリーン花柄
f	アクリルビーズカット玉、	緑 8mm
g	〃	緑 4mm

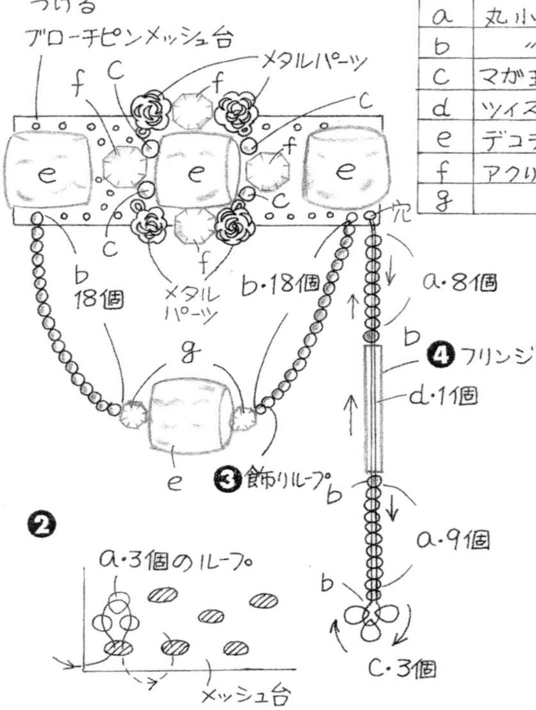

Aできあがり

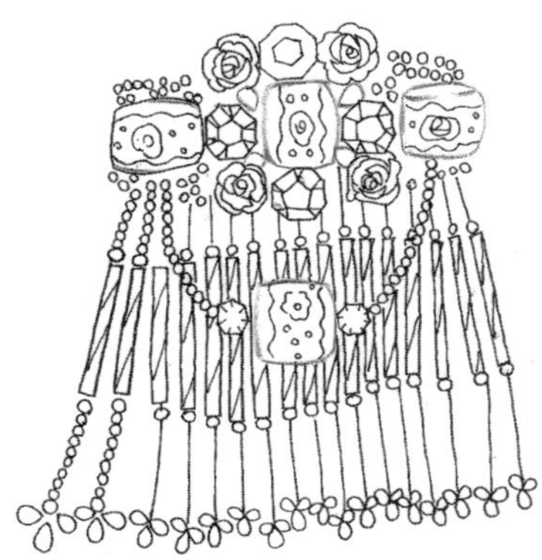

Bブローチ

Bのビーズ記号

記号	種類	色、大きさ
a	丸小ビーズ	薄紫
b	デコラビーズ	ブルー花柄
c	アラカルトビーズ	花型ブルー
d	メタルパーツ	花モチーフ

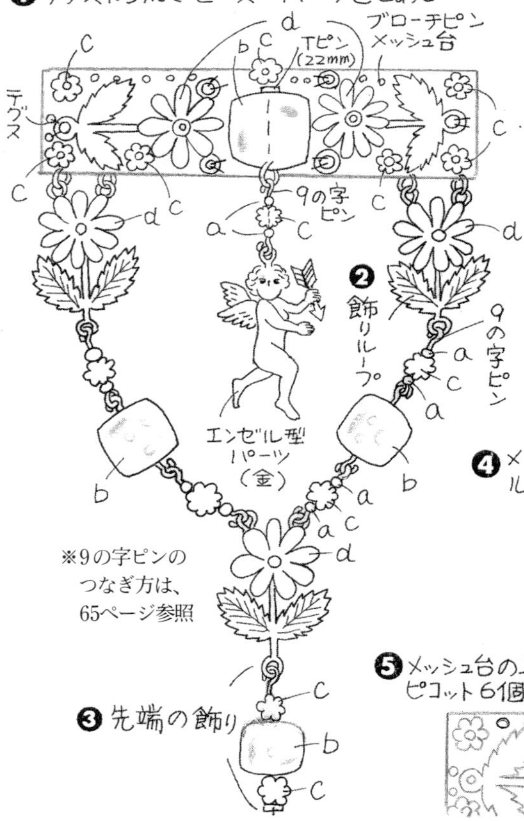

※9の字ピンのつなぎ方は、65ページ参照

❷飾りループをとめる

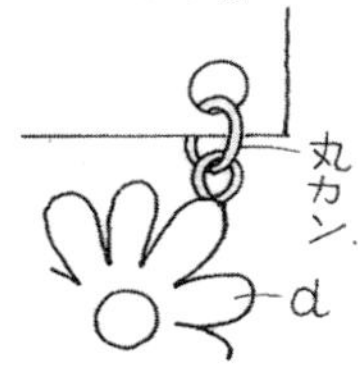

❸先端の飾りを作ってつける

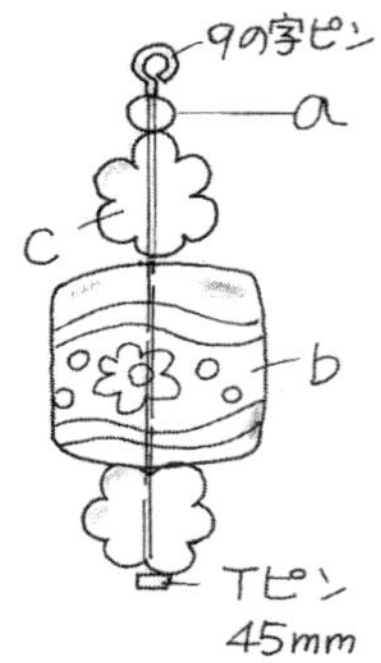

❹メッシュの穴をループでうめる

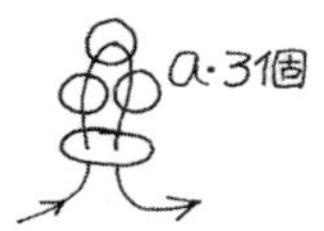

❺メッシュ台の上部にピコット6個作る

Lovely bag

「天使」

38ページ

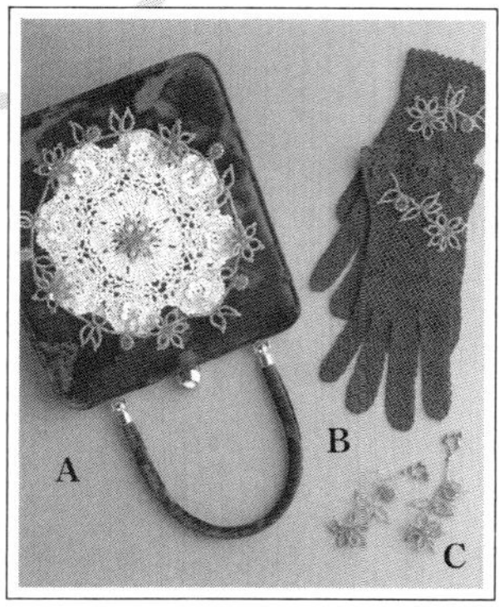

材料はトーホービーズを使用

仕上がり　Aバッグ…19×20×6.5cm
B市販の婦人用手袋を使用
Cイヤリング…3.5×7cm

A・B・Cの材料　スリーカットビーズ／虹　CR539　2パック　丸小ビーズ／エンジ虹　406　2パック　丸大ビーズ／赤虹330　2パック　スパンコール亀甲6mm／ピンク　906　2パック　クリスタルカットビーズ／J-54-6　赤　4mm　10個　イヤリング／α-542　金F　1セット　ダルマチップ／α-535 金F 2個　テグス／2号　6-11-1　1巻　(手さげバッグ／黒ビロード　1個　アンティークレースのドイリー／15×15cm　黒レース編み手袋／1セット　ポリエステルミシン糸／少々)

(　)はトーホービーズでは扱っていません

Aバッグ

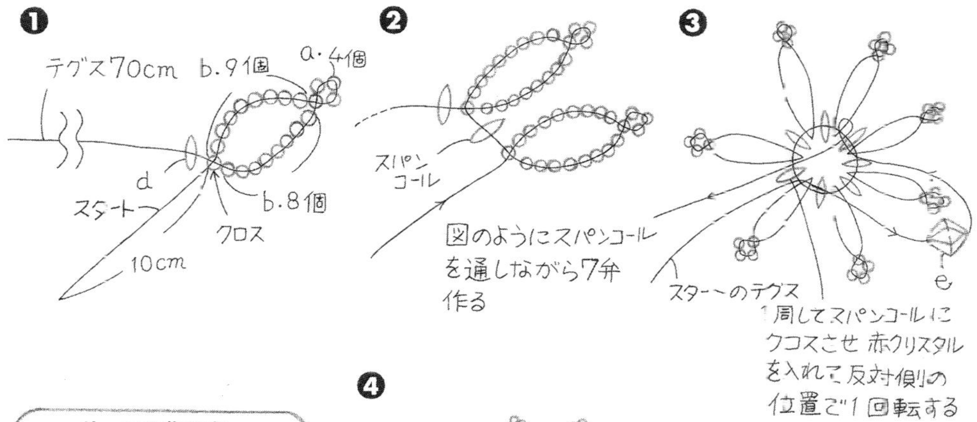

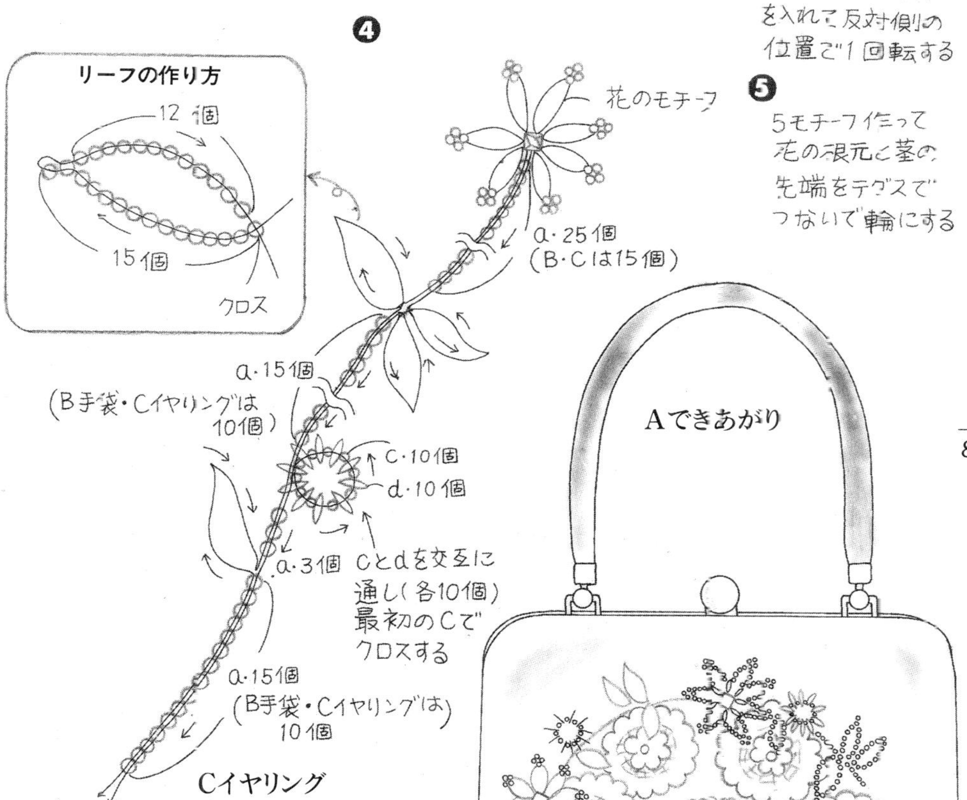

A・B・Cのビーズ記号

記号	種　類	色 大きさ
a	スリーカットビーズ	虹
b	丸小ビーズ	エンジ虹
c	丸大ビーズ	赤 虹
d	スパンコール亀甲	ピンク 6mm
e	クリスタルカットビーズ	赤 4mm

Cイヤリング
できあがり

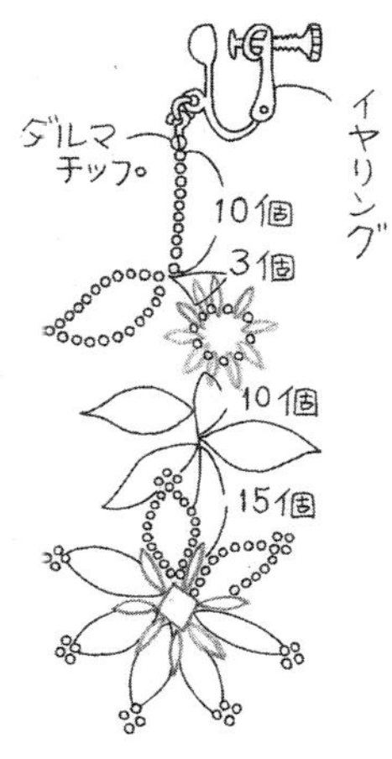

B手袋　できあがり

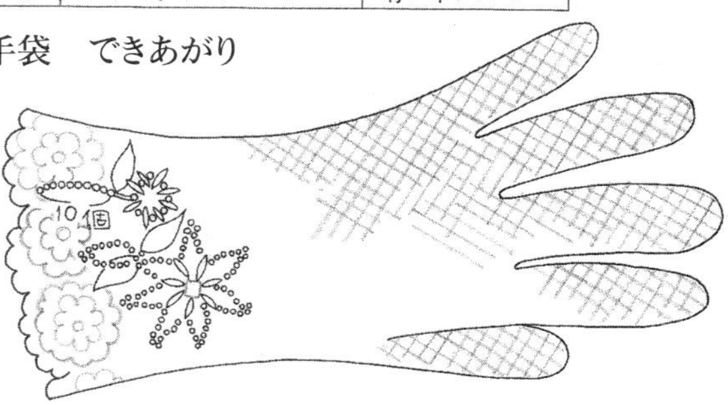

Button magic

「ボタン」

36ページ

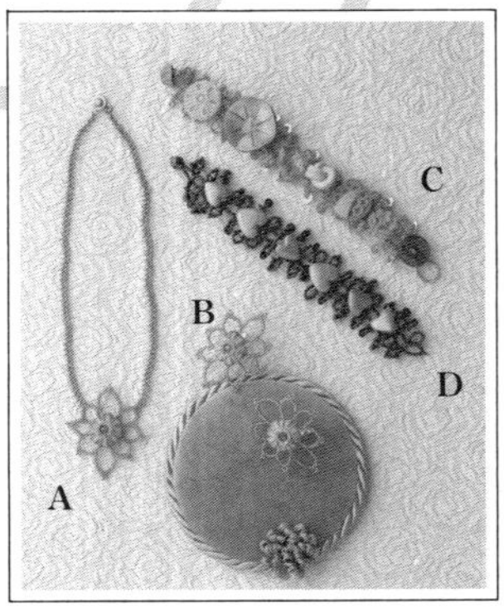

Aネックレスの作り方

❶ワイヤー60cmにビーズを通して花を作る。59ページのAネックレスのリーフの作り方❶のワイヤーの通し方を参照。花の中心に残りのワイヤーでアンティークボタンとクリスタルカットビーズ(赤)4mmをつける

❷テグス60cmを❶の花のピコットの先端に通し(二つ折り)図のようにスリーカットビーズ(濃赤)でクロスしながらビーズを通す

❸クラスプセットをつける

Bイヤリングの作り方

❶Aネックレスと同じ花を作る

❷シャワー台に続きのワイヤーでつける

Cブレスレットの作り方

❶テグス2mの中心にスリーカットビーズ(虹)1個を通して二つ折りにしてボタンの穴に通す

❷図のようにビーズ、ボタンを通す(ボタンとボタンの間のループはボタンの大きさによって加減する)

❸先端にボタンループを作る(ビーズの数はボタンの大きさによって加減する)

Bイヤリング できあがり

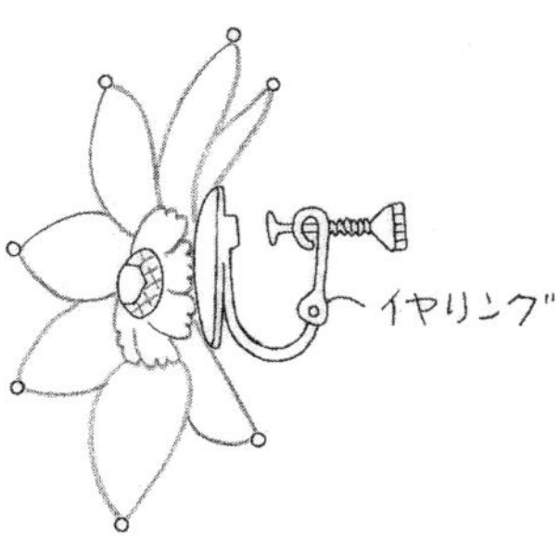

材料はトーホービーズを使用

仕上がり　Aネックレス…39cm
Bイヤリング…4.5×6cm
Cブレスレット…3.5×20cm
Dブレスレット…3.5×17.5cm

A・Bの材料　丸小ビーズ／緑虹　326　2パック　スリーカットビーズ／濃赤　CR400　1パック　クリスタルカットビーズ／赤 J-54-6　4mm 3個　(アンティークボタン／2cm　3個)　クラスプセット／α-503　金F　1セット　シャワーイヤリング／9-12-18　金　1セット　テグス／2号　6-11-1　1巻　ワイヤー／#34　11-34-1　金　1巻

Cの材料　スリーカットビーズ／虹　CR539　2パック　丸大ビーズ／ブルー　953　1パック　スパンコール亀甲　6mm／緑　903　1パック　テグス／2号　6-11-1　1巻　(アンティークボタン／グリーン　1〜2.8cm　9個)

Dの材料　スリーカットビーズ／黒　CR49　2パック　六角大ビーズ／黒　49　1パック　スパンコール亀甲　5mm／黒　510　1パック　アクリルカットビーズ／α-353　黒　8mm　1個　テグス／2号　6-11-1　1巻　(アンティークボタン／1.6cm　2個／1.3cm　4個)

(　)はトーホービーズでは扱っていません

Aネックレス

❶ 花を作る
※ビーズは全て丸小ビーズ(緑虹)

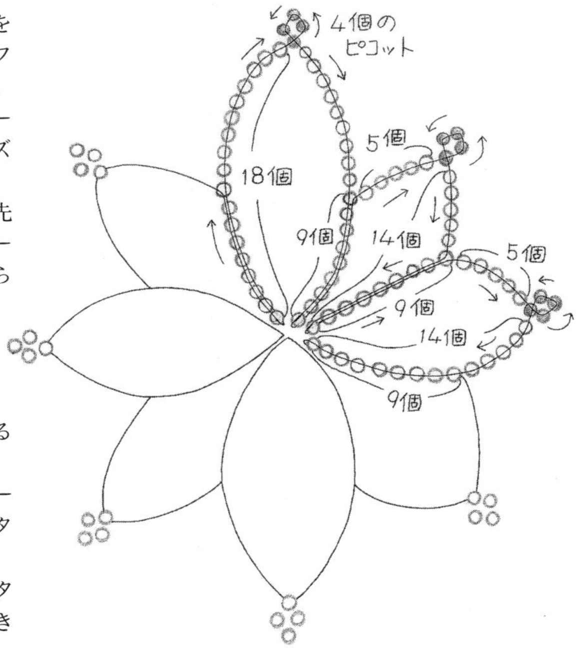

Aできあがり

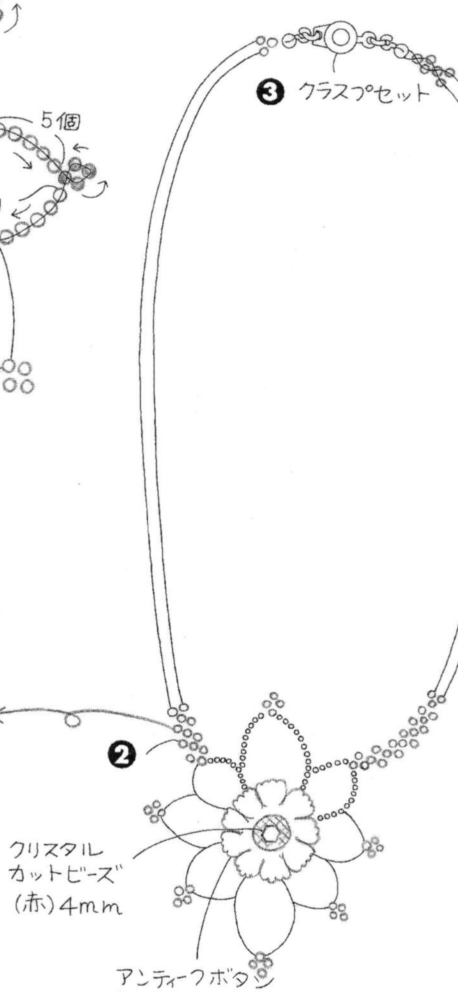

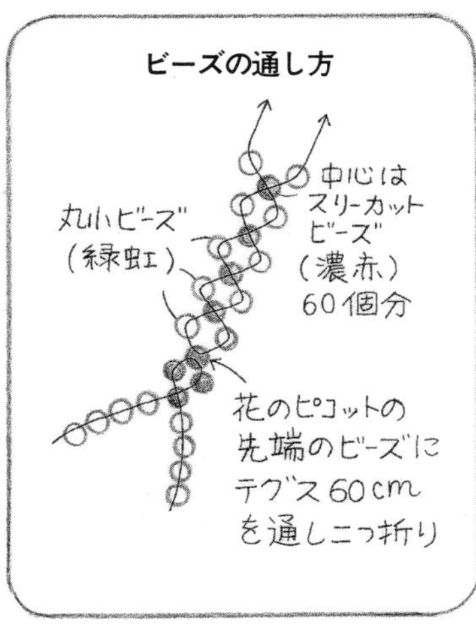

Cブレスレット

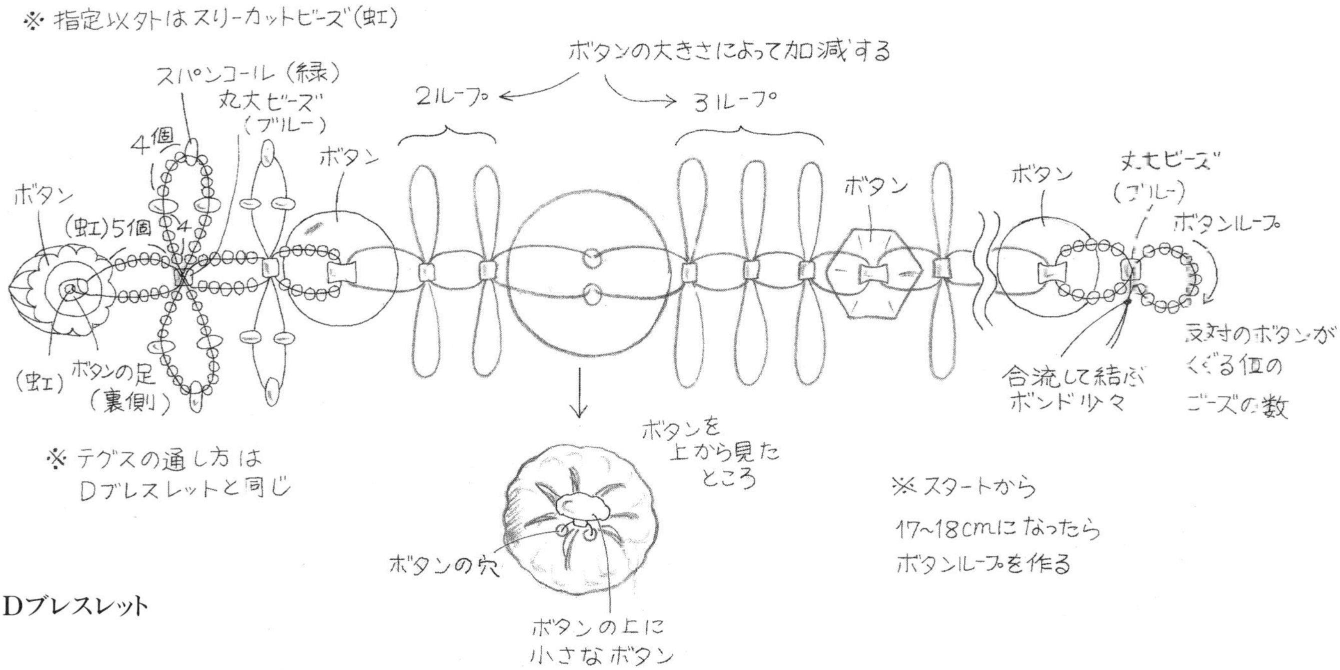

Dブレスレット

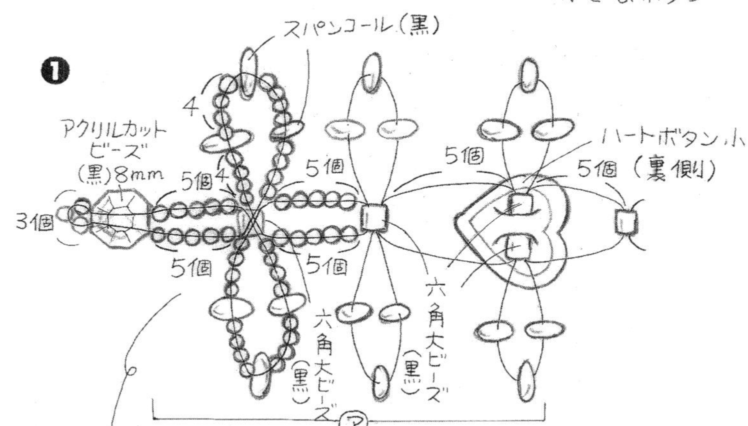

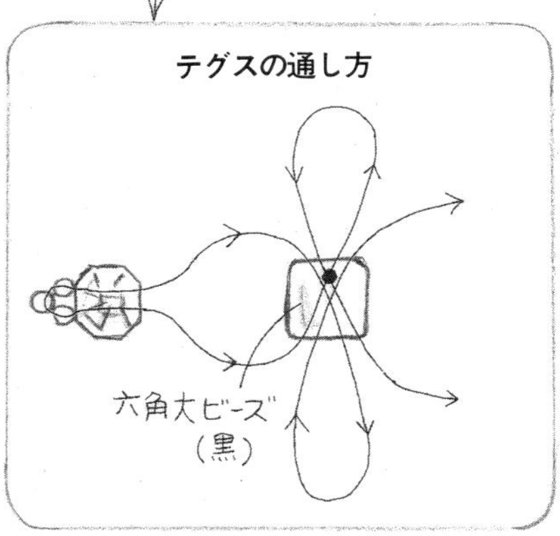

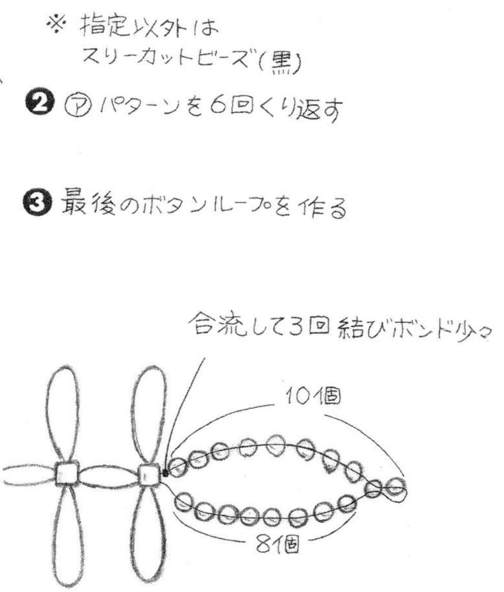

Dできあがり

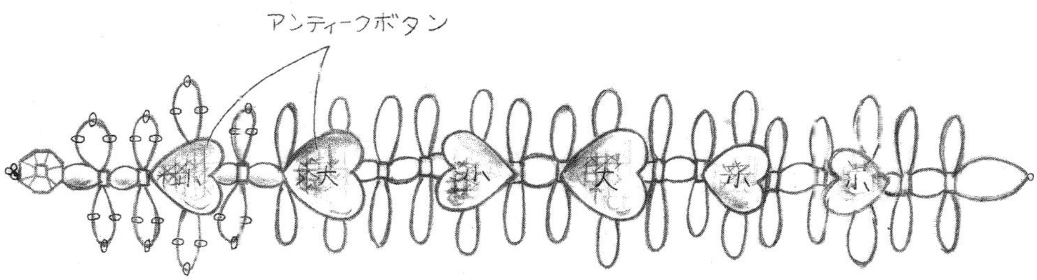

Button magic

「ボタン」

37ページ

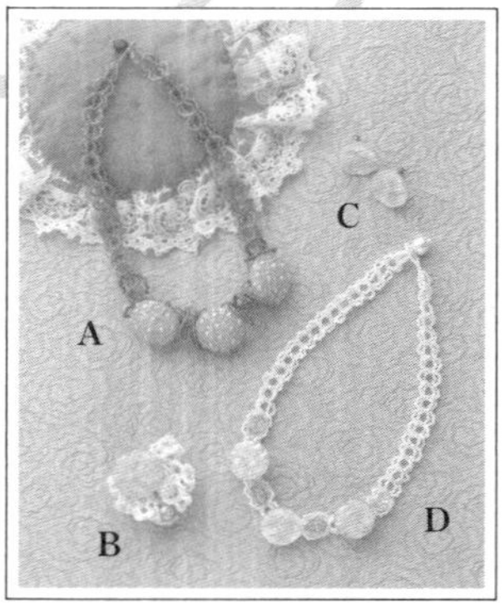

●●●●●●材料はトーホービーズを使用●●●●●●

仕上がり　A…41cm　B…5×5cm
C…2.2×2.2cm　D…40cm

Aの材料　丸小ビーズ／ピンク　960　2パック／エンジ虹　406　1パック　丸大ビーズ／ブルー　953　1パック　クリスタルカットビーズ／J-53-6　赤　8mm　1個　（アンティークボタン／2.3cm　3個）　テグス／2号　6-11-1　1巻

B・C・Dの材料　スリーカットビーズ／アイボリー CR123　2パック パール／カルトラ　10mm　1個　3mm　79個　シャワーブローチ／特大　30mm　9-20-4　金　1個　イヤリング／9-12-20　金　1セット　（アンティークボタン／アイボリー　2.2cm　5個／2.7cm　1個　石入り六角ボタン／5個　石入り丸ボタン／1個）　テグス／2号　6-11-1　1巻

（　）はトーホービーズでは扱っていません

Aネックレスの作り方

❶テグス3.5mを二つ折り（長くて扱いにくい場合は2m位にして途中でたす）にし、中心に丸小ビーズ（エンジ虹）を通す。クリスタルカットビーズ（赤）8mmにテグスを通し、（2本）下図の㋐モチーフを18モチーフ作り、丸小ビーズ（ピンク）を5個通し、ボタンの穴にテグスを通す。丸小ビーズ（ピンク）を5個通し、丸大ビーズ（ブルー）1個を通し㋐モチーフを3モチーフ作り、中心のボタンをつける。中心から右側は左側と対称にビーズ、ボタンを通す

❷テグス2mを丸小ビーズ（ピンク）8個に通し、外側のループを作っていく

❸最後のループを丸小ビーズ（ピンク）18個で作る

❹ボタンの両側と間に丸小ビーズ（エンジ虹）でループを作る（表側になるようにする）

Aネックレス

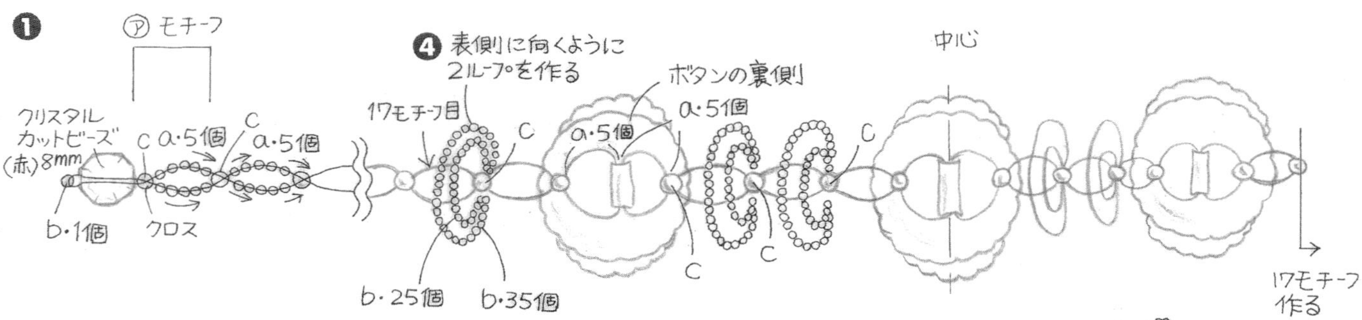

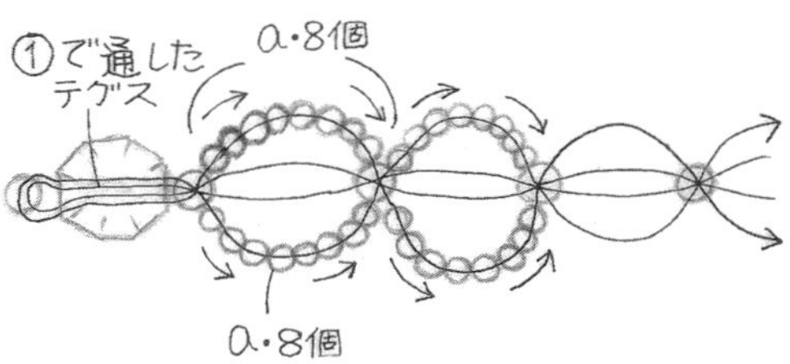

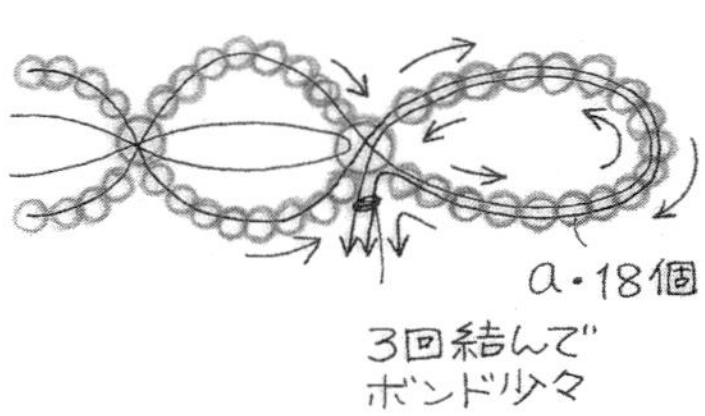

Aのビーズ記号

記号	種類	色
a	丸小ビーズ	ピンク
b	〃	エンジ虹
C	丸大ビーズ	ブルー

Cイヤリング できあがり

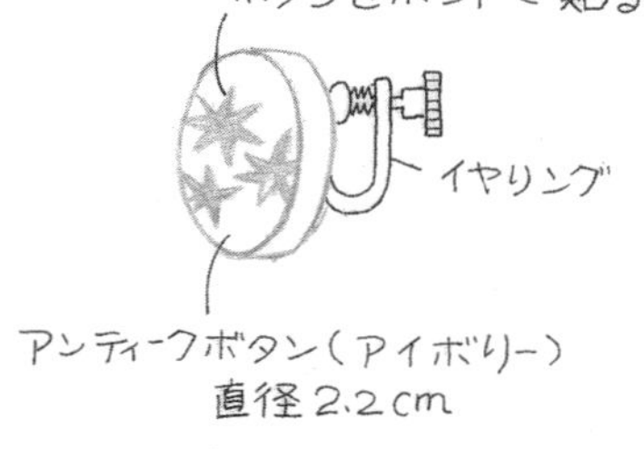

Aできあがり

Dネックレス

❶ テグス2mを二つ折りしてスタート

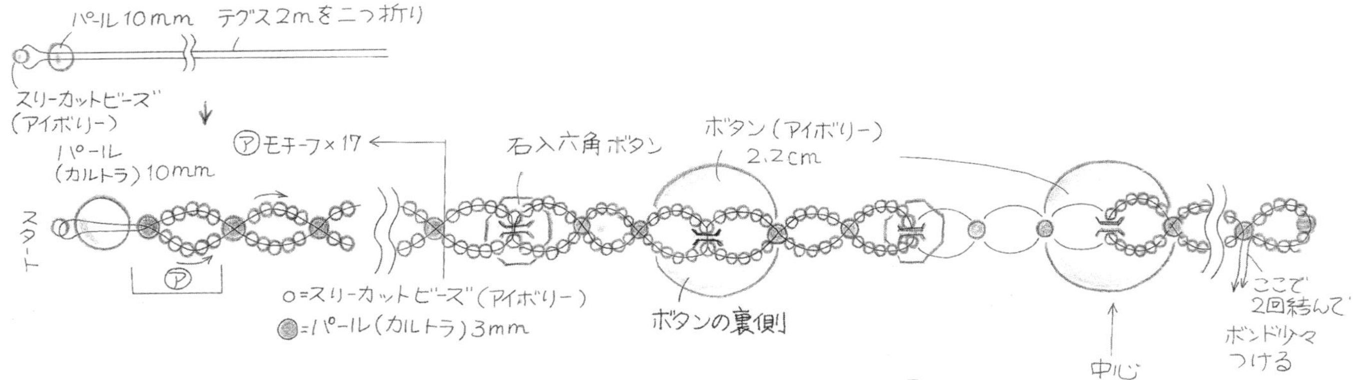

❷ ❶の外側にループを作っていく

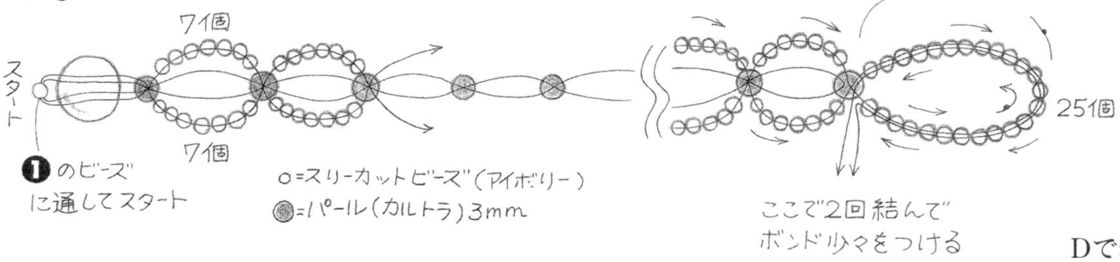

Dできあがり

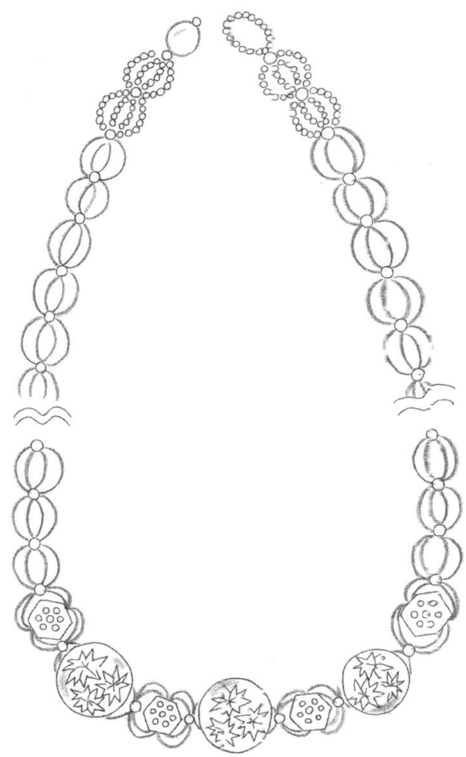

Bブローチ

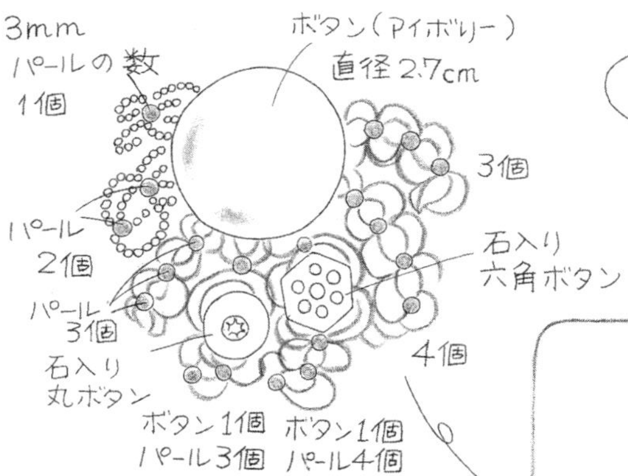

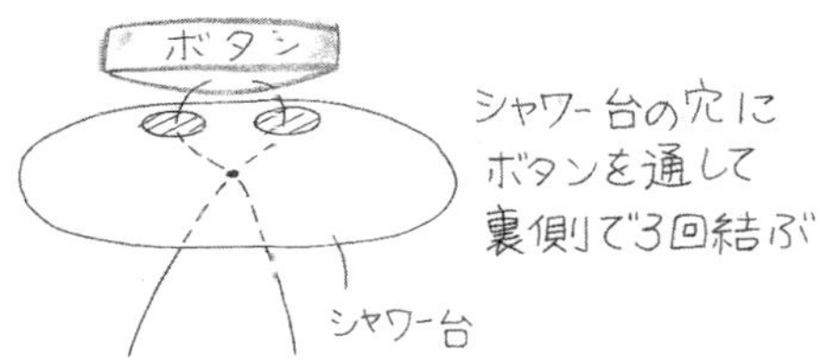

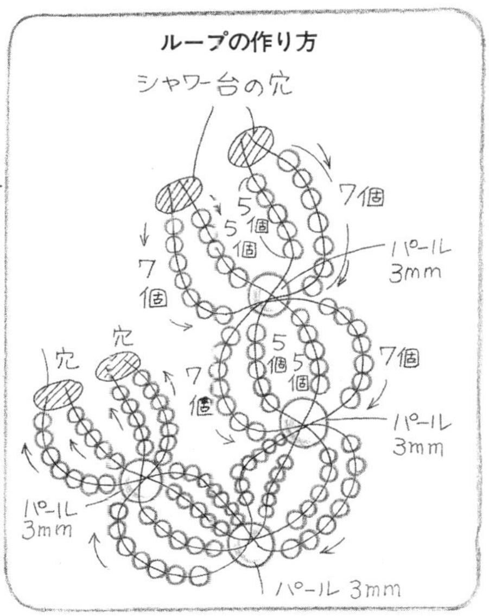

●ループの作り方

❶シャワー台の穴2カ所からそれぞれテグスを出してビーズ5個ずつを通し、パールでクロスしてループを作っていく

❷別のテグスを最初と同じ穴から出しビーズ7個を通し、パールでクロスさせて外側のループを作る。上図のパールの数を通したループを作る。そのうちの2本は間にボタンを通す

Lovely bag

「天使」

39ページ

●●●**材料はトーホービーズを使用**●●●

仕上がり　バッグ…25×38.5cm

材料　丸大ビーズ／赤銀　25／ブルー　953／各1パック　丸小ビーズ／赤銀　25／赤　45／ブルー　953／ピンクオレンジ　956／各1パック　スリーカットビーズ／赤　CR5B／緑　CR105／濃赤　CR400／虹　CR539／水色虹　CR540／各1パック　アクリルビーズカット玉／赤　α-268　4mm　10個　ミラーカット／ルビー　α-300　9mm　3個（スエードエンジのアンティークバッグ／1個　ゴブラン織りの布／バラ柄　13×24cm ベルベットリボン／エンジ 1×60cm　アートフラワーの葉／2.3×4cm　5枚　エンゼルパーツ／銀　1枚）

（　）はトーホービーズでは扱っていません

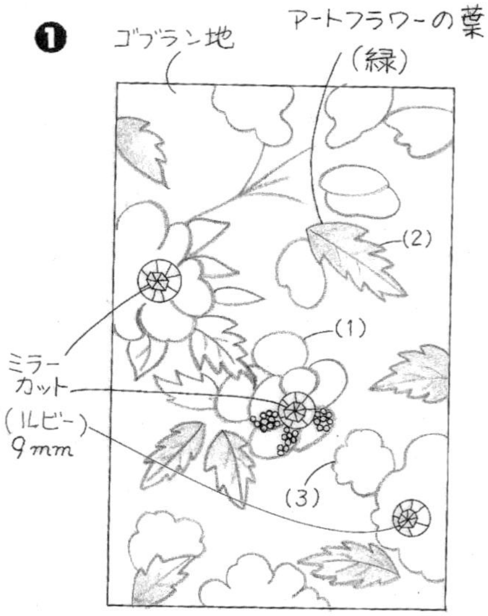

❶バッグの飾り布の作り方

(1)花柄の中心にミラーカットをボンドで貼り、その回りの花柄にビーズをボンドで貼る（丸小、丸大、スリーカットビーズの赤系など）

(2)アートフラワーの葉（緑）を貼り、葉脈の軸にスリーカットビーズ（緑）を貼る。葉脈の左右に、スリーカットビーズ（虹、水色虹）をミックスして貼る

(3)花の部分は赤系ビーズをミックスしてバランスよく貼る

※口金の部分は、バッグに布を貼ってからビーズを貼るので、ここでは貼らない

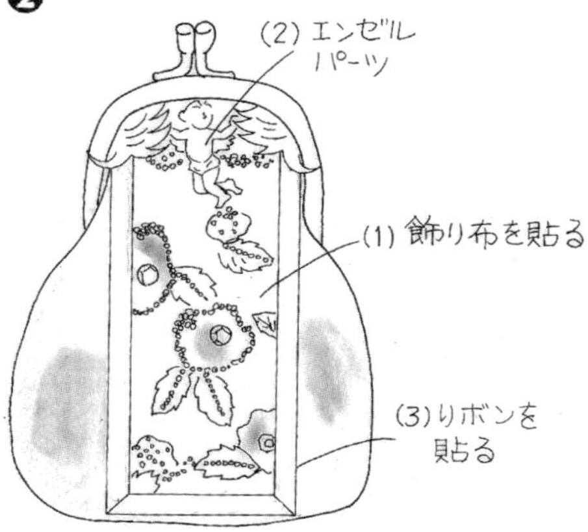

❷土台のバッグに飾り布をつける

(1)飾り布を貼るときは､中心からボンドをつけ､左右均等になるように貼る｡接着時間を置き、口金の部分にビーズを貼る

(2)口金の下にエンゼルパーツを貼る

(3)飾り布の回りにリボンを貼る

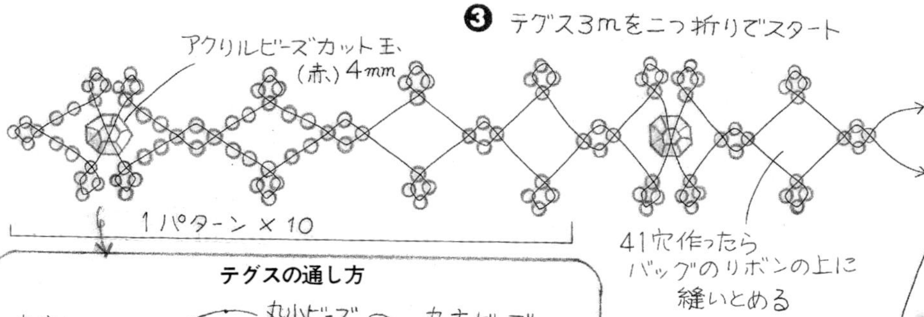

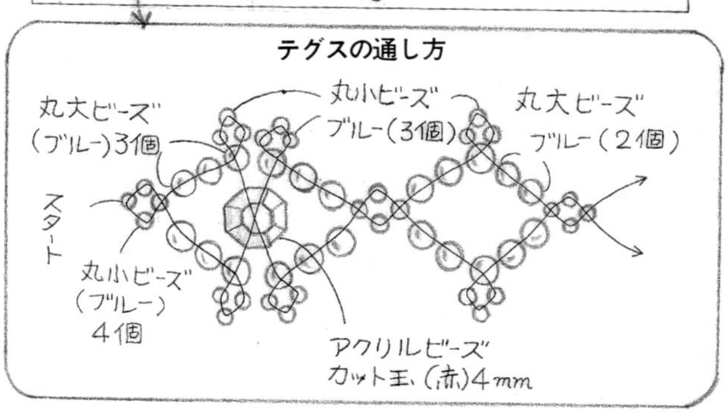

できあがり

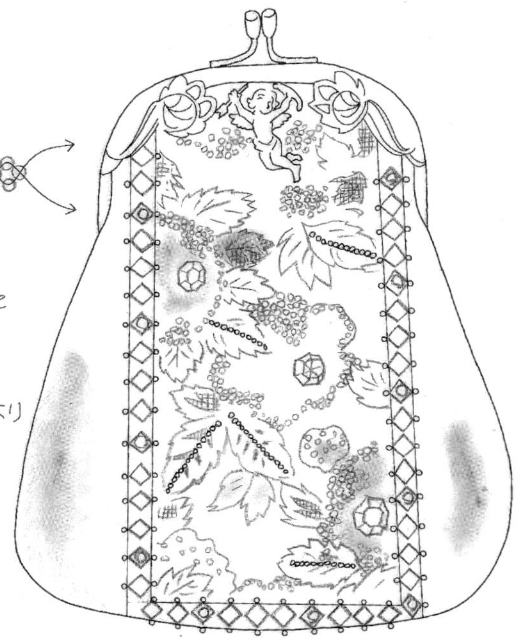

Evening

「夜会」

40ページ

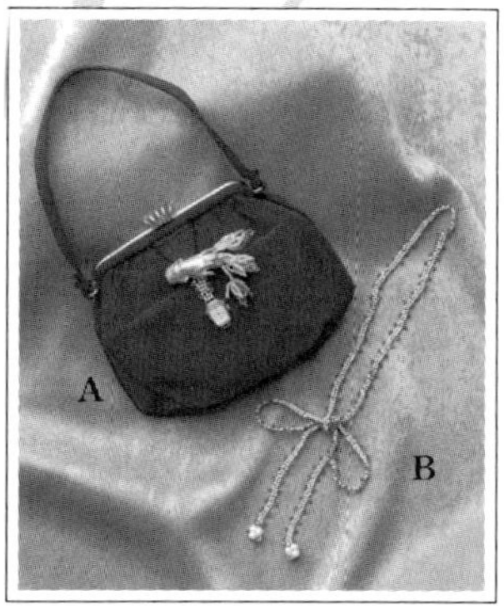

材料はトーホービーズを使用

仕上がり　Aブローチ…8×8cm
Bラリエット…1.35m

Aの材料　スリーカットビーズ／ベージュ　CR103／金茶　CR421／メタリック茶　CR221／各1パック　バラビーズ丸小／アイボリー　51／1パック　シャワーブローチ／9-20-1　金　1個　ワイヤー／#34　11-34-1　金　1巻　テグス／2号　6-11-1　1巻　(アンティーク時計／1個　アンティークボタン／手の形を1個)

Bの材料　丸小ビーズ／アイボリー　51　3パック　スリーカットビーズ／金茶　CR221　2パック　バロックパール／カルトラ　α-8　6mm　12個　テグス／2号　6-11-1　1巻

※Bラリエットの作り方は94ページ

(　)はトーホービーズでは扱っていません

A時計のブローチ

〔1〕バラの花を作る
※花はスリーカットビーズ(金茶)
ガク・葉・茎は(ベージュ)

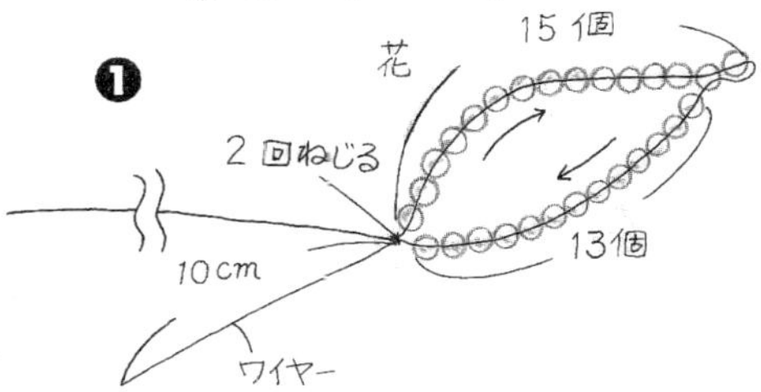

バラの花の作り方

❶ワイヤーを80cmにカットし、スリカットビーズ(金茶)を通す
❷ ❶を5弁作り、まとめてねじる(5弁の花は1本、4弁の花は2本作る)
❸続きのテグスにスリカットビーズ(ベージュ)を通し、ガクを3弁作る
❹ワイヤー2本をスリカットビーズ(ベージュ)に8個通し茎を作る
❺長い方のワイヤーで葉と茎を作る。もう1枚も同様に作る

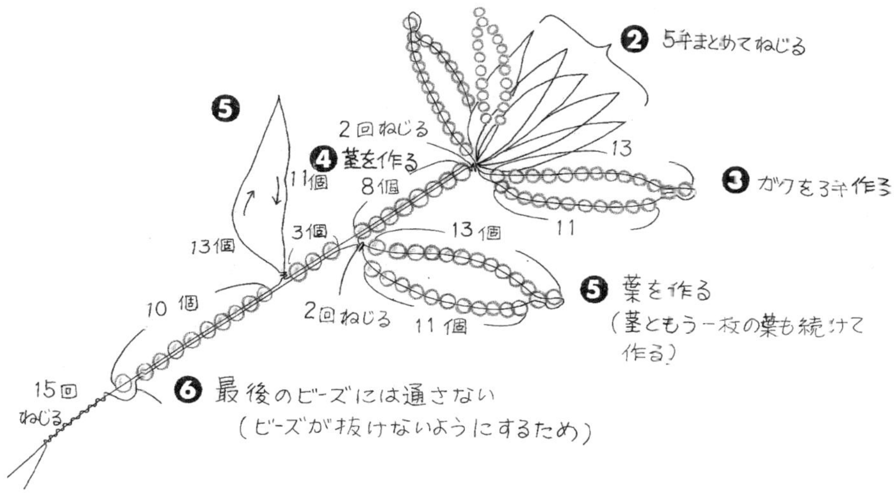

〔2〕時計のベルトを作る

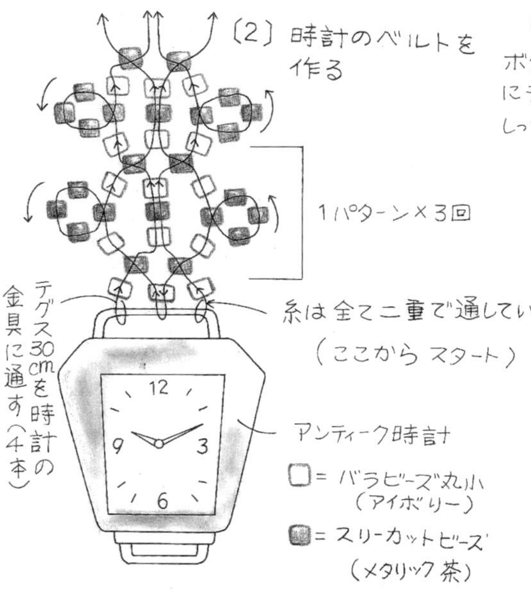

〔3〕バラの花と時計、ボタンをシャワー台につける

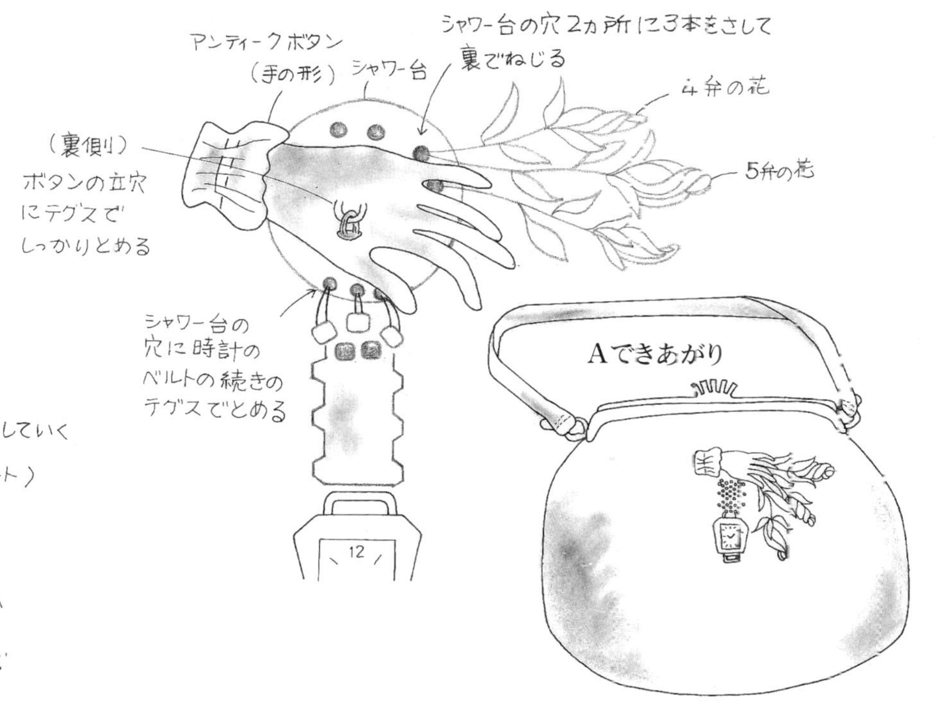

Evening

「夜会」

41ページ

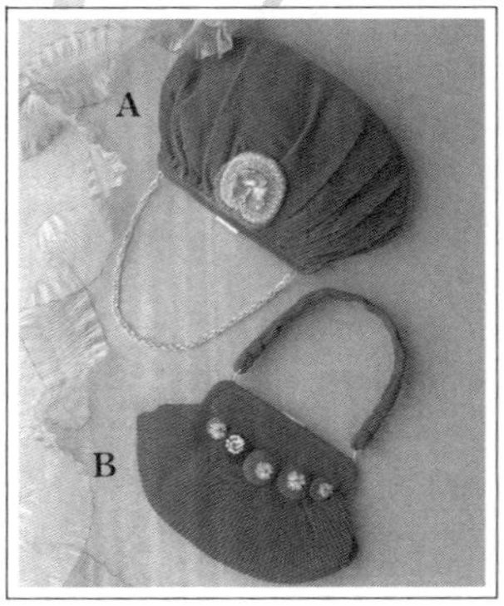

材料はトーホービーズを使用

仕上がり　Aブローチ…6×6cm
　B飾りボタン…2cm　2.5cm　3cm

Aの材料　丸小ビーズ／ガラス緑　4　1パック　三角ビーズ／紫　6　1パック　パール／カルトラ　201　2mm　36個　ブローチピン／いぶし銀　9-11-3　1個　(綿ベルベット／紫　8×8cm　6×6cm／各1枚　花のパーツ／アンティークのすみれの花(パールつき)　1個　厚紙／6×6cm　ポリエステルミシン糸／1巻)

Bの材料　丸内角小ビーズ／金　22　約70個　丸小ビーズ／クリーム　948　1パック　スリーカットビーズ／虹　539／いぶし銀　601／各1パック　竹ビーズ／三角小一分　銀　21　金　22／一分　黒メタリック　83／各1パック　(黒くるみボタン／2cm、3cm　各2個／2.5cm　1個　黒のフエルト(球芯用)／少々　黒の布(ボタン用)／綿ベルベット／サテン／梨地／各少々　ポリエステルミシン糸／1巻)

(　)はトーホービーズでは扱っていません

Aブローチ

❶ 布にすみれの花のパーツを貼る

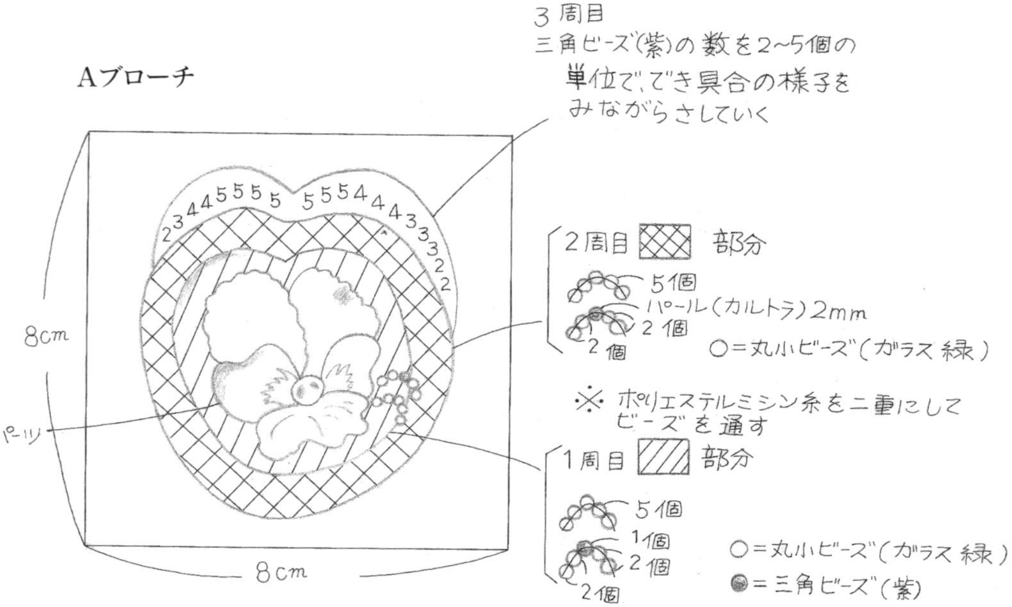

Bラリエット

❶ テグスは5m用意する(2.5mずつに分けて なくなったら結んでボンド少々をつけてつなげる)

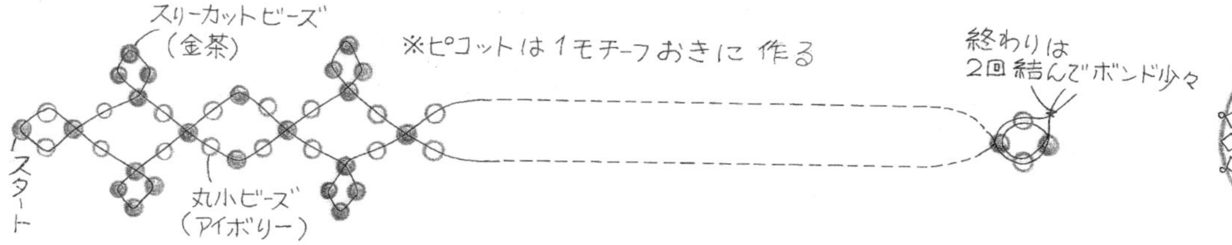

❷ パールボンボンを作る(2個)

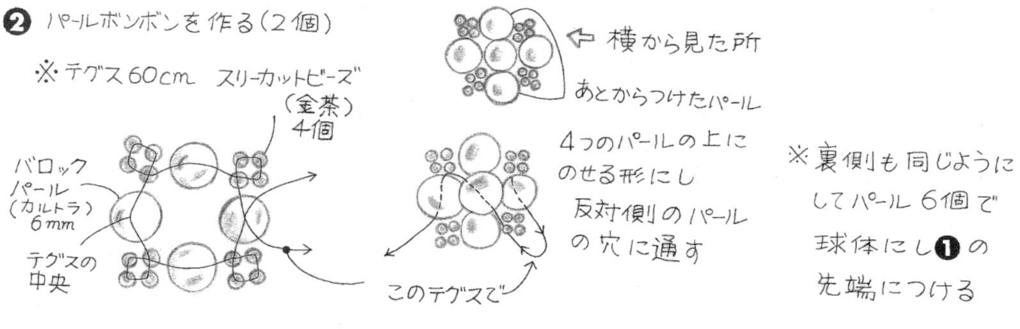

Bできあがり

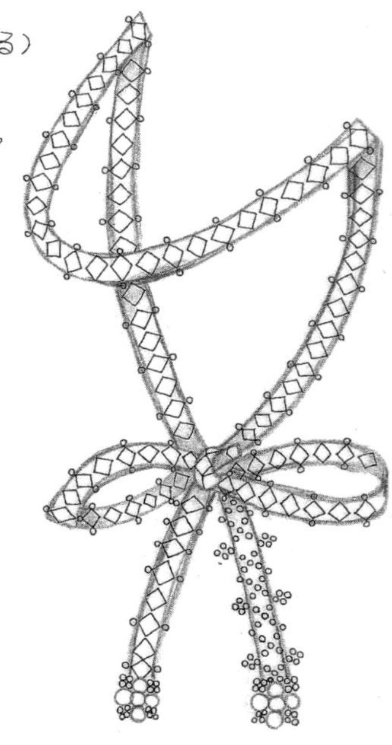

❷

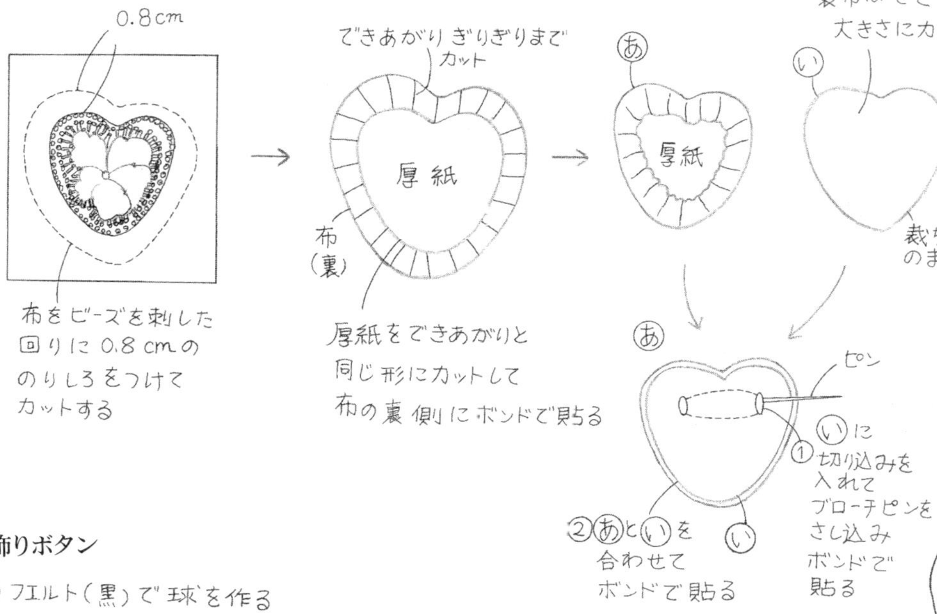

Aできあがり

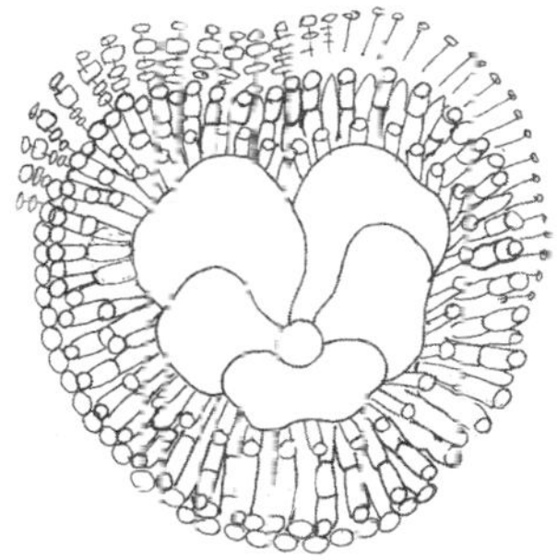

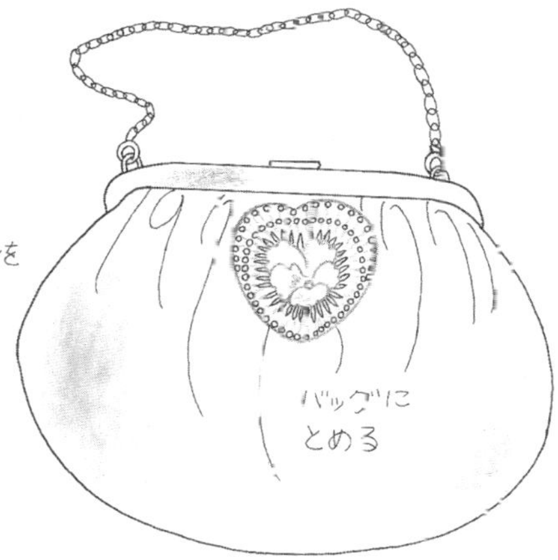

B飾りボタン

❶ フエルト(黒)で球を作る

❷ ❶を芯にして㋐〜㋔の飾りを作る

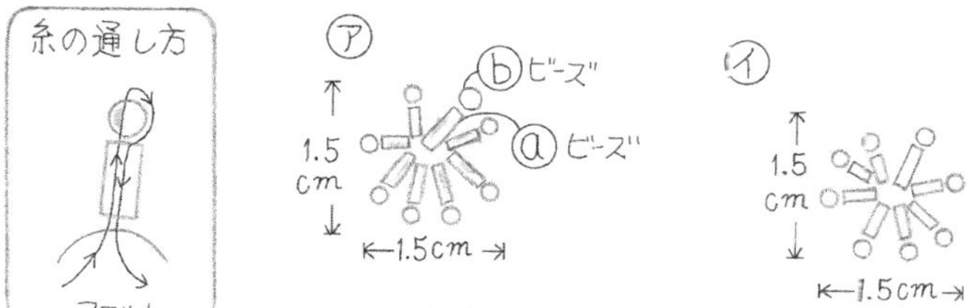

※フエルト全面に図のようにビーズでうめる(35ループ位)

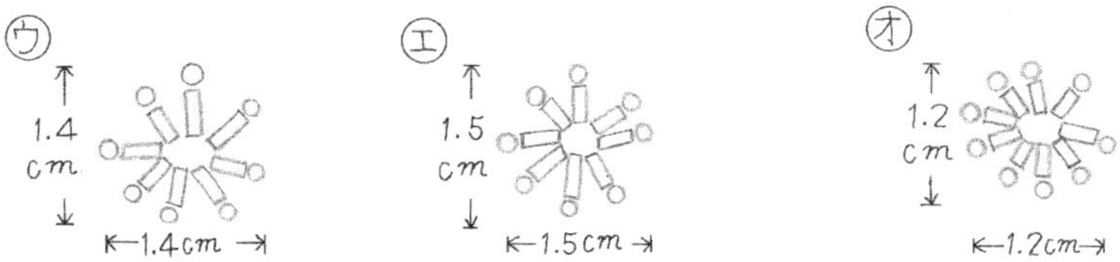

B飾りボタンのビーズ記号

	ⓐビーズの種類と色	ⓑビーズの種類と色
㋐	竹ビーズ三角小一分 金	丸内角小ビーズ 金
㋑	竹ビーズ 一分 黒メタリック	丸小ビーズ クリーム
㋒	竹ビーズ 三角小一分 金	スリーカットビーズ 虹
㋓	〃 銀	丸内角小ビーズ 金
㋔	〃 金	スリーカットビーズいぶし銀

❸ ❷の飾りをくるみボタンの中心に縫いつける

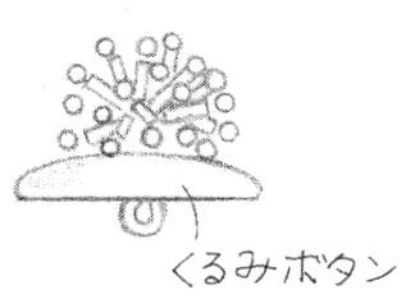

㋐ — 直径 2 cm ボタン
㋑ — 〃 2.5cm 〃
㋒ — 〃 3 cm 〃
㋓ — 〃 3 cm 〃
㋔ — 〃 2 cm 〃
につける

Bできあがり

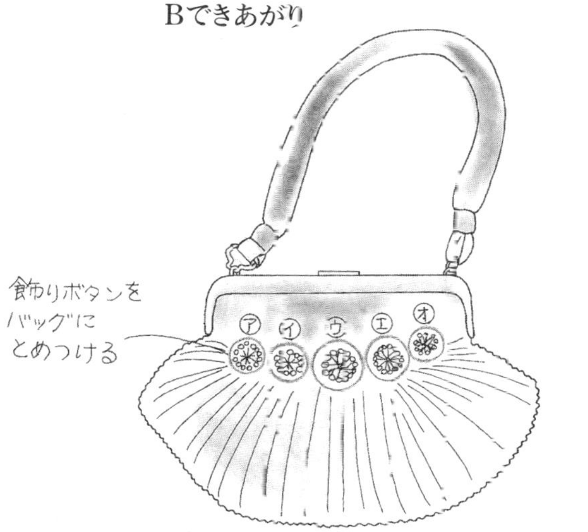

Beads Accessory

愛知県名古屋市出身。モード学園服飾科を経て、独学でオリジナルの創作活動を始める。82年より渋谷東急ハンズ等で講師を務める。アンティークテイストと可愛らしさをテーマにした独自の作風を展開。「毛糸だま」「おしゃれ工房」などに作品を発表。大人の女性がつけられるビーズのアクセサリーとしてファンも多い。著書に「すてきにビーズのアクセサリー」(小社刊)がある。現在、横浜市在住。

〔天野恵子のビーズアクセサリー教室〕
東急セミナーBE(渋谷03-3477-6277・雪ケ谷03-3728-7231)／ヴォーグ学園(東京校03-5261-5085・横浜校045-316-6505)／ネックレスネックレス03-3462-4685

天野恵子
KEIKO AMANO

すてきにビーズのアクセサリー *Part 2*

第1刷／2000年1月1日　第2刷／2000年3月15日
著者／天野恵子　発行人／瀬戸信昭　編集人／小林和雄
発行所／株式会社 日本ヴォーグ社
〒162-8705　東京都新宿区市谷本村町3-23
TEL／販売03-5261-5081　編集03-5261-5083　振替／00170-4-9877
出版受注センター／TEL0424-39-7077　FAX0424-39-7877
印刷所／奥村印刷株式会社　Printed in Japan

※上記の表示価格に、別途、消費税がかかります。

ACCESSORIES
BEADS

ビーズの世界を楽しむ本

すてきに ビーズのアクセサリー

天野恵子　著

本体1,262円 240mm×210mm／96頁
ISBN4-529-03192-6　NV5819

人気のビーズアクセサリーを大人の雰囲気で手作り。シックな色合いのネックレス、イヤリング、指輪やチョーカー、ブローチなど、おしゃれでどこか懐かしいムードのある上品な作品を100点掲載。

ビーズアクセサリー2

本体 971円 240mm×210mm／84頁
ISBN4-529-03246-9　NV5853

ファッション雑誌などで大人気のビーズショップ"ネックレスネックレス"のスタッフによるアクセサリー作りの本。プロのノウハウのプロセス写真解説付きで思いのままにビーズ作品が作れる1冊。

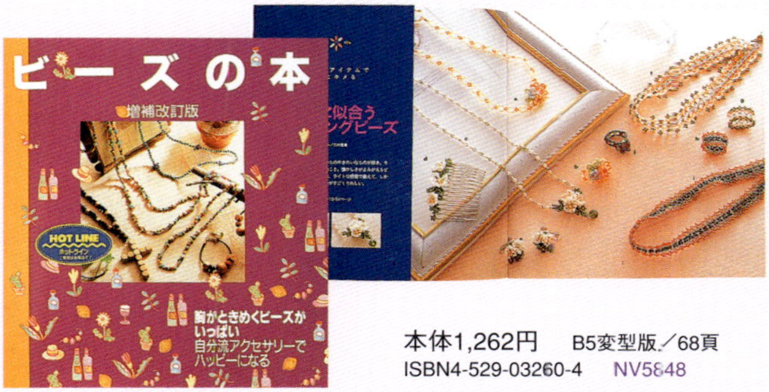

ビーズの本 増補改訂版

本体1,262円　B5変型版／68頁
ISBN4-529-03260-4　NV5848

従来の10代〜20代向けのヤング層に嬉しいアイテムに、大人っぽい作品も7タイプ加えた増補改訂版。ナチュラルからゴージャスまで、ビーズのおしゃれを満喫できる一冊。

ビーズでつくろ、マスコットとアクセサリー ビーズ大好き！

梅谷育代　著

本体695円　AB判／58頁
ISBN4-529-03241-8　NV5857

大人気の携帯電話のストラップ、ビーズアクセサリー、マスコットなど、子どもから大人まで楽しめるアイテムを多数掲載。基礎から応用まで、詳しい写真つき解説。

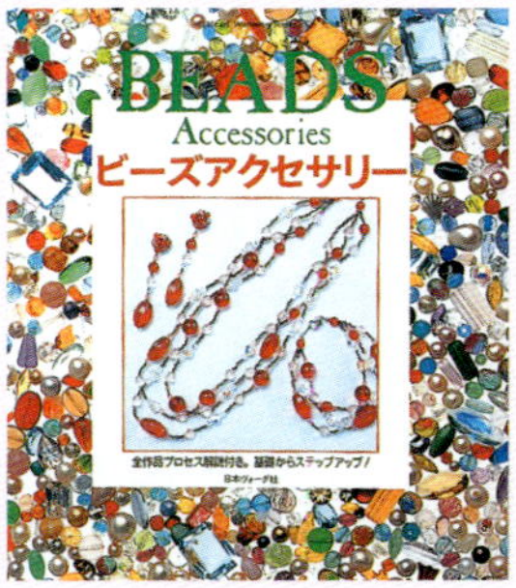

ビーズアクセサリー

本体 971円 240mm×210mm／84頁
ISBN4-529-02998-0　NV5667

ビーズのネックレス
簡単に作れるビーズアクセサリー85点

本体1,000円　AB判／84頁
ISBN4-529-02896-8　NV5641

SILVER

手作りシルバーアクセサリーが作れる本

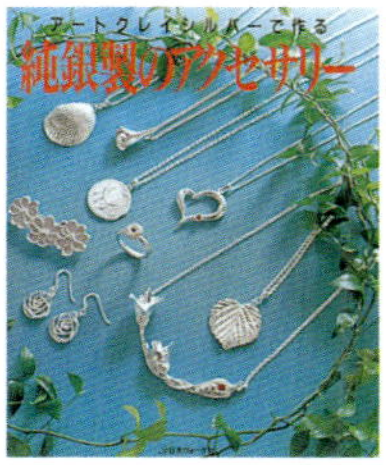

アートクレイシルバーで作る 純銀製のアクセサリー

本体1,295円 AB判／64頁
ISBN4-529-03007-5 NV5669

アートクレイシルバーで作る 純銀製のアクセサリー2

本体1,295円 AB判／68頁
ISBN4-529-03219-1 NV5829

粘土タイプの純銀を好きな形に練って焼き、リング、ペンダントトップ、ピアスなど人気のシルバーアクセサリーが自分でオリジナルに作れる本。VOL.1は初級者にもやさしい作品が中心、VOL.2では宝石との組み合わせなど、バリエーションも豊富に紹介。すべて作り方のプロセス解説つき。